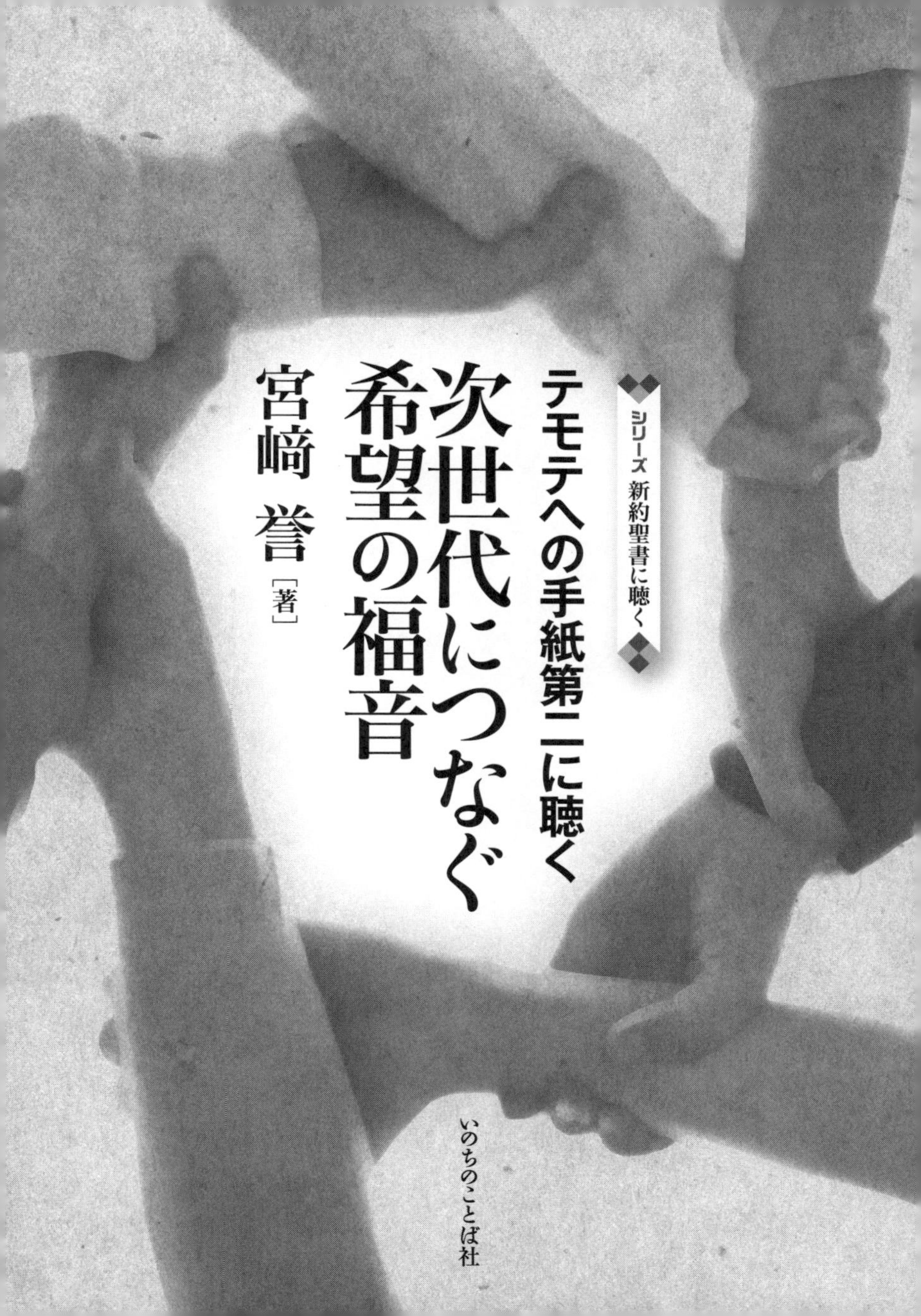

シリーズ 新約聖書に聴く

テモテへの手紙第二に聴く

次世代につなぐ希望の福音

宮崎 誉［著］

いのちのことば社

はじめに（著者と執筆時期に関して）

テモテへの手紙第一と第二は、パウロの最晩年の文書だと言われます。この恵み豊かな手紙が伝える内容は、パウロがこれまで歩んできた信仰生涯の積み重ねの上にあり、キリストに生かされた信仰の旅路によるものでした。そのようなまなざしで、パウロの生涯との関係で、テモテへの手紙を位置づける作業から始めようと思います。ここで提示する年代は、パウロ研究家の岩上敬人牧師の堅実な理解を参照しています（『パウロの生涯と聖化の神学』日本聖化協力会出版委員会、一三六〜一三九頁）。

パウロ（アラム語発音ではサウロ）はタルソで育ち（紀元五年ごろ誕生）、律法においてパリサイ派の教育を受けました（ピリピ三・五、使徒二二・三）。

ステパノの殉教の時（三三〜三四年）に、迫害して石を投げる者たちの荷物番をしていました（使徒七・五八）。これは、暴徒化する民を扇動する指導的な役割を意味しています。三四年、迫害の息を荒げてダマスコの街へ向かい、その途中で光に打たれて復活の主と出会い、「サウロ、サウロ、なぜ、わたしを迫害するのか。……わたしは、あなたが迫害しているイエスである」（同九・四〜五）という御声を受けて、回心するのです。ここで起きた回心経験を、パウロは生涯語り続けて、「使徒の働き」では計三回も救いの証しを記録しています（九・一～一八、二二・四～一六、二六・一二～一八）。晩年に記したテモテへの手紙の中にも、主の恩寵を深く心に刻んだ回心経験の表現が登場しています。かつて迫害者であったような自分が、キリスト・イエスによって罪を赦していただき、その恩寵経験の深さゆえに自分を「罪人のかしら」と表現しています（Ⅰテモテ一・一三～一五）。

このパウロを福音宣教に導いたのはバルナバです（使徒一一・二五）。この二人はシリアのアンティオキア教会より派遣されて、第一回伝道旅行に出発します（同一三～一四章、四八～四九年）。これに同行したヨハネ・マルコは、キプロス島の宣教の後に離脱して（同一三・一三）、パウロの信頼をひどく損ねてしまい、後にマルコを再度宣教に連れて行くかどうかでパウロとバルナバの訣別に発展してしまうこととなります（同一五・三六～四〇）。しかしながら、パウロから見放されたマルコは、バルナバに育まれ、伝承ではペテロの説教の通訳を担い、テモテへの手紙第二が書かれるころにはパウロとの関係が回復し、パウロはテモテにマルコを連れて来るように、同労者として呼び寄せています（Ⅱテモテ四・一一）。

第一回エルサレム会議（四九年か五〇年）で福音の本質を確認した後、第二回伝道旅行（五〇～五二年）に旅立ちます。バルナバという最良の同労者と別の道を取るようになったパウロは、シラスという協力者を得て、リステラで若い信仰者テモテと出会います。その協力関係は生涯続き、二人は共に宣教の業に参与することになるのです。テモテの母ユニケに宿った信仰によって、彼の内面は育まれます（ルドルフ・ボーレン『祈る――パウロとカルヴァンとともに』教文館）[*1]。パウロはテモテに、「信仰による、真のわが子テモテへ」（Ⅰテモテ一・二）と呼びかけています。トロアスから船出してマケドニアへ向かう行程で、ルカが同伴者として宣教旅行に加わり、彼もまたパウロの人生の最後に、そばにいたことが記されています。「ルカだけが私とともにいます」（Ⅱテモテ四・一一）。

パウロの第二回、第三回伝道旅行（五三～五七年）と牧会書簡との関係で言及すべきことは、エペソの街での教会形成でしょう。テモテへの手紙は、テモテがこのエペソの教会を牧会していたときに、ローマの獄中にいたパウロが書き記したと考えられます。パウロは「私はあなたの涙を覚えているので」（Ⅱテモテ一・四）と語ります。テモテがどのようなときに流した涙かは明瞭ではありません。使徒の働き二〇章にある出来事、エルサレムへの船路にあるパウロが停泊したミレトスに、エペソの長老たちを呼び寄せて告別説教が語られた、そのときの「皆は声をあげて泣き、パウロの首を抱いて何度も口づけした」（三七節）と記されている場面を想起させます。これに類似するような涙の場面があったのかもしれません。

パウロはエルサレムで迫害を受け、ローマ軍に軟禁され、カエサルに上訴し（使徒二一・二七～二六・三二）、囚人として航路でローマへ向かい、大嵐を越えて、ローマに到着します（同二七～二八章）。そのローマで二年間（六〇～六二年）の軟禁生活を送ります（同二八・三〇）。その二年間は、ローマ法による正式な裁判に必要な期間として費やされます（岩上敬人『パウロの生涯と聖化の神学』一三二頁、F・F・ブルース『使徒行伝』いのちのことば社、五七七頁)。

六二年ごろに、パウロは釈放されますが、聖書にはその記述はありません。第四回伝道旅行として、クレタ島、小アジア、マケドニア、ギリシアへの巡回をほのめかす断片的言及があります(テトス一・五、三・一二、Iテモテ一・三、ピレモン二二節)。この前後の時期に、西の果てイスパニアへ宣教するヴィジョンを実現できた可能性はありますが、懐疑的に見る理解も多くあります。ムラトリ正典目録[*2]とクレメンスの手紙一(九七年)にはイスパニア伝道があったと記されています。

「パウロは忍耐の賞に至る道を示した。彼が東方においても西方においても、福音の説教者として登場した……。彼は全世界に義を示し、西の果てにまで達して為政者たちの前で証を立てた。かくしてから世を去り、聖なる場所へと迎え上げられたのだ――忍耐ということの最大の範例となって」(クレメンスの手紙――コリントのキリスト者へI、五・五、七。荒井献編『使徒教父文書』、小河陽訳、講談社文芸文庫、八六～八七頁)。

パウロは再び捕らえられ、この死を前にした獄中生活の期間に牧会書簡を記したと伝統的には理解されています。その後、殉教の死を遂げます。その時期は六五～六八年の間と推定されますが、皇帝ネロの大迫害の期間に、テモテへの手紙第二を執筆した後に斬首となりました。このように、テモテへの手紙はそれまでのパウロの生涯と密接に結びついて描写されています。

著者性と執筆時期の議論

パウロの生涯を概観したなかで、皇帝ネロの治世に起きたローマの大火（六四年）をきっかけに進んでいったキリスト教大迫害、それはネロの自殺（六八年）まで続きましたが、その期間に、パウロはテモテへの手紙を記して、斬首で殉教したと理解するのが伝統的理解となっています。他方、後期パウロ書簡に数えられる牧会書簡は、パウロの死後、しばらく経ってからパウロの名にちなんで後継者らによって記されたとする著者性をめぐる議論があることに短く触れることにします。

アルフォンス・ヴァイザーがその注解で、「パウロ以降の原始キリスト教の証言とするとき、本文はずっと良く理解されうる」と主張しています（『ＥＫＫ新約聖書注解』16／1、教文館、五三頁）。ここでテモテへの手紙の著者性の議論に関して、一点のみ触れることにします。批評的な視座に立ち、牧会書簡をパウロ死後の著作と推論していく主要な論拠は、牧会書簡に登場する、整った教会制度の描写に関してであって、それはパウロが巡回伝道をしていた開拓期の教会の姿ではなく、後に秩序立っていく教会制度として、「長老」（プレスビユテロス）、「監督」（エピスコペー）、「奉仕者／執事」（ディアコノス）の位置づけを見ている点です。特に「監督」と訳される「エピスコポス（男性形）／エピスコペー（女性形）」について、もっと後期の制度であるはずだという視点で、牧会書簡をパウロの死後と推論するのです。この一点のみに言及しますが、批評的な聖書研究者のこの理解では、この「監督」（エピスコペー）を、後に制度化が進むものと同じ形態として定義づけることによって、紀元六〇年代にはまだ確立していないという考えが先立っています。しかしながら、この言葉は、かなり初期の教会の描写から、制度化されていない途上の「見守る人」（overseer）という意味合いで使用されていることが聖書の記述からわかります。

使徒の働き一章二〇節では、ペンテコステ直前の出来事ですが、十二使徒からユダが抜けたので、補充する理由として詩篇が引用される場面があります。そこではギリシア語の旧約引用で、「その務め（エピスコペー）は、ほかの人が引き受けるがよい」（詩篇一〇九・八）と、この言葉が用いられるのです。ここでの用例は、間違いなく後の教会で制度化された監督職（主教制／司教制、英語の Episcopal）に通じる意味ではなく、より素朴な見守る人（overseer）の役割を指しています。さらに、六〇～六二年ごろに執筆されたピリピ人への手紙では、その冒頭の一章一節に「キリスト・イエスのしもべである、パウロとテモテから、ピリピにいる、キリスト・イエスにあるすべての聖徒たち、ならびに監督たち（エピスコポス）と執事たち（ディアコノス）へ」とあります。それゆえ、エピスコポスの役割が言及されても、その時代ごとの役割で理解することが望ましく、パウロがテモテとテトスに使徒の代理として監督を立てるように委託したとき、後の司教制の意味合いではなく、制度形成期の途上の状態として、見守り、管理する役割と見ることが適切と思われます。F・ヤングは「結論的に言うと、『エピスコポス』がのちに獲得したような権威をもっていることはまだ明白になっていない」と述べています（『牧会書簡の神学』〔叢書新約聖書神学11〕土屋博、土屋幸子共訳、新教出版社、一三二頁）。家を管理する「オイコノモス」として、神の家の管理を託されている資質ある者という意味合いでしょう。

ほかにも吟味すべき緒論的議論はいくつもありますが、テモテへの手紙のパウロの著者性を受け入れることは十分可能なことだと言えます。

R・ボーレンは、『祈る』と題されたテモテへの手紙を味わう黙想書を書いていますが、その中で、このように書き記しています。「パウロは死を眼の前にしていた。……我々がここで、告白の信憑性また告白の確実さについて読むことを、我々は、パウロがインクではなく、彼の血で書いたものであるかのように読まねばならない」（一八頁）。

この説教集では、三つの視点を大事にして聖書テキストに触れて共に御言葉に聴きたいと思います。一つめの目的として、新改訳２０１７の新しい翻訳に触れて、その味わい深さを感じ取ることです。第二の目的は、使徒パウロの生涯における最後の手紙として、一世紀の神教会において若き伝道者テモテに書き送る信仰の継承の書として学ぶことです。それは、神学者でもあり詩人でもあるボーレンが「パウロがインクではなく、彼の血で書いた」と見事に表現したように、皇帝ネロの迫害下で福音宣教と教会形成、そして信仰生涯が完成することを目指して走り抜いた、使徒パウロのいのちを注いだ信仰の汗と涙と血を吸い取ったかのような実存のかかった言葉として受けとめていくことです。第三の目的は、書かれた神の言葉である聖書が、福音のいのちを届け、また信仰生活を形づくる霊的形成の書として、聖霊の働きを信頼して聖書テキストに触れることです。パウロの偉人伝ではなく、パウロを生かした主イエスの御声を、主イエスに愛され赦されたパウロの証言を通して、読者の皆様とともに聴いていきたいと願っています。

＊1　R・ボーレンは、テモテへの手紙第二を祈りの形式で、信仰を手渡す母をめぐっての黙想を提示している。「母たちのための祈り」四二〜四三頁、「母たちのための感謝」一三二〜一三三頁。

＊2　*The Muratorian Fragment*, http://www.earlychristianwritings.com/text/muratorian-metzger.html　B・M・メッガーの英訳よりの邦訳、「またパウロがスペインへの旅に出るとき〔ローマの〕街から出発する場面を省略したことから、〔ルカが遭遇したことを書き記した〕ことが明らかです」。

目次

1　平和とあわれみのあいさつ

〈Ⅱテモテ一・一〜二〉

「神のみこころにより、またキリスト・イエスにあるいのちの約束にしたがって、キリスト・イエスの使徒となったパウロから、愛する子テモテへ。父なる神と、私たちの主キリスト・イエスから、恵みとあわれみと平安がありますように。」

使徒パウロから

この手紙を書き始めるにあたって、パウロは古代の手紙のフォーマットに沿って、送り主、宛先、祝福の言葉から書き始めます。送り主はパウロです。晩年のパウロが自身を紹介するときに、主に「遣わされた使徒」であるということが、前面に表現されています。きれいな日本語に訳すときに、語順が入れ替わることが起きますが、原語の語順でこの手紙の書き出しを表現し直しますと「パウロ・使徒・キリスト・イエスの（パウロス・アポストロス・クリストゥー・イエスゥー）」となります。使徒とは、主イエスの復活を証言する者という役職としての意味もありますが、晩年のパウロが主の恵みに捕らえられ、世界に遣わされて福音を語り続けてきたという、福音の使者としての歩みを深く認識している言葉です。

この手紙の受け取り手は若き伝道者テモテですが、彼に向かって「愛する子テモテへ」と語りかけます。実際の血縁関係ではありません。信仰の子であり、福音を受け継ぎ、次世代につなぐ語りかけです。

祝福の挨拶

「父なる神と、私たちの主キリスト・イエスから、恵みとあわれみと平安がありますように」(二節)。パウロは手紙を書くときにいつも、「恵み」と「平安」を祈る祝福を告げることにしていました(ガラテヤ一・三、ローマ一・七、Iコリント一・三、IIコリント一・二、エペソ一・二、ピリピ一・二)。「平和」はユダヤ人の挨拶の「シャローム」に通じるギリシア語の「エイレーネー」です。内面の平安も、外側にあらわれる平和も両方を含みます。「恵み」はギリシア語での挨拶と言われます。神の民イスラエルの挨拶と、国際的な共通語を合わせて、手紙の冒頭で挨拶を書き送っています。

恵みも平安も、どちらも通常の挨拶ですが、パウロは福音の意味を込めて用いていたことでしょう。「恵み」とは、パウロにとって、律法ではたどり着かない、イエス・キリストの恵みとしての救いを想起させる大切な言葉です。また「平和／平安」は、キリストによって満ち満ちた神の祝福を表す言葉です。

私が所属する日本ホーリネス教団は、同じルーツを持つ海外の教団があり、韓国には大韓聖潔教会、台湾では台湾聖教会、アメリカには北米ホーリネス教団等があり、教団の責任者から手紙を英語に訳してほしいと頼まれたことがあります。その冒頭がとても日本的な表現で「先生方におかれましてもご多忙の中、主の労に励んでおられることと存じます」というような、ねぎらいの言葉でした。ご多忙を英語でビジーと直訳してみたのですが、どうも忙しさを呟いて不平を言っているような響きに感じ、うまくいきません。その先生に、この日本的な挨拶は英語でうまくいきませんので、使徒パウロの祝福の挨拶で始めませんかと提案して、そのようになりました。「主イエス・キリストの恵みと平安がありますように！」私たちが形づくる主にある交わりは、祝福を宣言するところから始まるのです。その祝福は福音に根ざしている。「キリストの恵み」と「キリストのシャローム・平安」が、あなたがたに！

あわれみ

テモテへの手紙では、恵みと平安の間に「あわれみ（エレオス）」が挿入されています。パウロの最晩年の手紙で、これまでずっと恵みと平安の祝福の挨拶を書いてきたのに、パウロは「あわれみ」を加えて、「恵みとあわれみと平安がありますように」（二節）と祝福を告げます。この「エレオス」という言葉は、「あわれみ」とか、「いつくしみ」、「慈愛」などの意味を含みます。内容としては「あわれみ」は「恵み」の類義語とも言えるでしょう。しかし、パウロには主からのあわれみを受けて救われたという、恵みの実感があったのだと思います。

晩年のパウロ、伝道者としての走るべき道を走り切った彼が（四・七）、あえて「あわれみ」を添える様子に人生の深まりを感じます。はじめは彼の人生は我力で歩むものでした。パリサイ派の厳格な生き方で育ち、イエス様を信じる信仰を邪教と思ったときは迫害者として邁進しました。そんな彼に、主イエスはダマスコ途上で出会い、あわれみを注いで、救い出してくださったのです。世界に遣わされて福音を宣べ伝え、ついにローマ皇帝ネロの大迫害で殉教する。その人生最後の手紙で「あわれみ」と、思いを込めて語っているのです。

大切な働きを担うとき、自分自身も精一杯奉仕をするけれども、主のあわれみ・いつくしみに支えられて全うする人は幸いです。私が育った教団では、年会という年に一度牧師たちが集まるイベントがあり、聖餐式を司式できる牧師になるための按手礼式がもたれていました。その按手礼式では、定型表現がありまして、「主の恵みとあわれみによって、この使命を全うします」という内容の言葉を、按手を受ける牧師が口にしていく姿が、子どもの時の記憶に残っています。大事な働きを担っていく、それを主のあわれみによって行うとは、どんな意味なのだろうかと不思議に思いました。しかし、年を重ねて、その意味の深さに気づけるようになっていきます。大切な働きだから精一杯の奉仕をささげますが、それは決して自分の力だけで完結するものではありません。自分には弱さがあり、欠けがあり、しかし、この私にキリストはご自身のあわれみを注いで、この私の内に主の恵みの御業をなし、用いてくださるのです。

命の約束

もうひとつ、この自己紹介で特徴的な表現がこれです。「キリスト・イエスにあるいのちの約束にしたがって」（一節）。使徒となったその務めの由来が、主イエスの内にある「いのちの約束」だと語ります。「約束」は原語のギリシア語で「エパンゲリア」という言葉です。これは「アンゲロス」の前に接頭辞の「エピ」が添えられた言葉です。「アンゲロス」は、メッセージそのものか、メッセージを伝える者を意味していて、英語の「エンジェル（天使）」の語源です。このメッセージを表す言葉の前に、「良い」という意味の「ユー」が付くと「ユーアンゲリオン」で「福音（good news）」となる、聖書で多用される言葉です。ここでは「上に（on）」の意味の「エピ」が付きます。すなわち、メッセージをドシンと置く、確かに据えると、エパンゲリア（約束）となるのです。聖書が語る約束は、軽くフワフワと飛んで行きそうな口約束のようなものではなく、堅く据えられた約束です。

しかもそれは「いのちの約束」です！　人を生かす約束とも言えるでしょう。またこのいのちは、主イエスとつながるいのちです。「キリスト・イエスにあるのちの約束」（一節）という翻訳の「にある」の部分は「エン」、これは英語の「in」です。すなわち、主イエスというご存在の内側にあるいのち、もしくは主が成し遂げた福音にあるいのちの約束を指しています。

昨年のクリスマスに、Eさんが教会のキャンドルサービスに出席されました。お父さんに先んじて娘さんが秋から礼拝に通って、もう病状は末期に入っているお父さんのために一緒に祈ってきました。お帰りになってから、娘さんより「父が牧師さんとお話がしたいと言っている」という連絡があり、すぐにお会いしました。長らく全国労働組合の責任ある立場で、労働者たちのために戦ってきた生活を引退してから、田舎に移住してきた人物です。そして近くに教会があるとは知らずにいたけれども、若いころからずっと教会への思いと、祈り心をもって生きてきたとおっしゃいました。学生のころにクリスチャンの親友がいて、一緒に何年も浦和にある教会に通っていた。宣教師が福音を説いて、「今、イエス様を信じますと決心する方は手をあげてください」と言われたとき、心の中では手を半分あげたが、キリスト教への拭えない疑問もあって、「あの時、手をあげられなかったんです。もし、あの時、手をあげていたら」と言いながら、私の前で手をあげるジェスチャーをされました。主が備えた時だと感じた私は、「Eさん、その時からずっと心に抱いてきた祈りを、今、一緒に神様にささげませんか」と提案しました。そして、うなずかれるEさんと一緒に、イエス様の十字架を私の罪の赦しのためと祈り、復活のいのちの希望を下さる感謝を祈ったのです。

「キリスト・イエスにあるいのちの約束」（一節）の確かさを覚え、人を生かす福音を伝える使命が教会に与えられていることを心より感謝に思います。

2　祈りと感謝

〈Ⅱテモテ一・三〜四〉

「私は夜昼、祈りの中であなたのことを絶えず思い起こし、先祖がしてきたように、私もきよい良心をもって仕えている神に感謝しています。私はあなたの涙を覚えているので、あなたに会って喜びに満たされたいと切望しています。」

恵みのリズム

使徒パウロは、若き伝道者テモテに手紙を書き、冒頭の平和の挨拶の直後に、遠方にいるテモテのために祈り続けていることを書きます。このとき、パウロは地中海世界を支配したローマ帝国の首都ローマで、迫害のために捕らわれの身となり牢獄にいます。そこから、小アジア（現在のトルコ）のエペソにいるテモテのために祈っています。

「私は夜昼、祈りの中であなたのことを絶えず思い起こし」（三節）。「夜昼」と夜から表現するのは日本人の生活感覚とはズレて感じるのではないでしょうか。いくつかの翻訳では昼を先にして「日夜」（口語訳）、「昼も夜も」（新共同訳）と訳します。しかし、聖書の時の感覚では、夜から始まります。天地創造の時から、「夕があり、朝があった」（創世一・五、八、一三、一九、二三、三一）。多くの人は、昼の時間帯を一日と認識して、活動を終えて休息の睡眠時間となる夜をそれほど意識しません。しかし、聖書では、夕方日が沈むと一日が始まります。電気やランプがない時代ですので、日が沈むと活動が終わります。人が休むとき、恵みの神は働かれる。夜の詩とされる詩篇四篇では、「平安のうちに私は身を横たえ／すぐ眠りにつきます。／主よ　ただあなただけが／安らかに　私を住まわせてくださいます」（八節）と、寝床で主にゆだねきった信頼を祈ります。そして、目覚めを与えられて、朝日とともに奉仕の業に生きるのです。この「夕があり、朝がある」という時の感覚を、信仰者の恵みのリズムと呼ぶこともできるでしょう。

想起する

「祈りの中であなたのことを絶えず思い起こし、先祖がしてきたように、私もきよい良心をもって仕えている神に感謝しています」（三節）。パウロは、信仰の子テモテのことを絶えず覚えていると、親愛の想いを込めて語ります。「思い起こす」は「ムネイア」という言葉で、心に覚え続けていることを相手に伝えるために使徒パウロが繰り返し用いています（Ｉテサロニケ一・二、ローマ一・九、ピリピ一・三、ピレモン四節）。大切な相手を心に覚えることは、教会が大事にしてきたことです。特に、主イエスを想起することを祈りの伝統では重んじてきました。コリント人への手紙第一、一一章には、聖餐式の制定の言葉が記録されていますが、イエス様が「わたしを覚えて、これを行いなさい」(二四、二五節)と語った言葉が記録されます。そこでの「覚える」は「アナムネーシス」という言葉で、「再び」の意味の「アナ」に、先ほどの「ムネイア」の動詞が添えられて、「再び想起する」という表現です。キリスト者は、イエス様を何度も想い起こし続け、特に聖餐式では、主イエスの罪の贖いの十字架を覚え、主の血と肉を、「信じるように食べ、食べるように信じる」深い交わりを持ちます。

そのような想い起こしを、手紙の受け取り手のテモテをはじめ、諸教会に向けて、祈り続けていた宣教師パウロの姿がここにあらわれています。私が学んだ神学校の敷地は東洋宣教会(OMSI)の日本ベースにもなっていて、外国人の住む一区画は、近所のタクシー運転手たちの間では「外人村」と呼ばれているのだそうです。多くの宣教師がこの地を起点に日本宣教に取り組み、引退して母国に戻って行かれました。

アメリカに仕事のあった日本人牧師が、懐かしい宣教師を訪ねたときのことです。引退された宣教師夫妻が、「あの方はどうしているか」、「この方は」、「あの教会は」とずっと質問を続け、どんなに応えても質問が終わらないほどだったというのです。そして、見せてもらったのが、宣教師夫妻の祈りのノートに、日本の教会のこと、出会った人々、同労者の牧師たち名前が延々と綴られて、この祈りのノートを用いて、日本の宣教のために祈り続けているということでした。そのノートを見せてもらった牧師は、「なんと尊い献げ物だろう。そして、私たちはこんなに祈られていたんだ」と深く教えられたそうです。

感謝の祈り

「私は夜昼、祈りの中であなたのことを絶えず思い起こし……神に感謝しています」（三節）。ずっと覚えて祈っているということは、とりなしの祈りをささげ続けているということです。昼間は働きをやめて、ずっと座って祈り込んでいるという意味ではおそらくなく、様々な活動をしながらも、心の脇のところにいつも思いを抱き続けて、ふとした隙間の時間に「主よ、守ってください」と祈り心のうちに動き続ける姿でしょう。そうしているうちに祈りと生活が編み込まれていきます。

高齢になった引退牧師が老老介護になり、奥様のサポートが生活の中心になられたそうです。大きな手術を乗り越えた妻の生活を支え、認知症が進みゆく妻に寄り添い生きるとき、以前のように一緒に祈る時間が少なくなってきて、これでよいのだろうかと感じたということです。しかし、やがて気づいたことは、いやむしろ祈る時間は増えている。生活と祈りが馴染んで、祈りの呼吸が生活になってきていると、証ししておられるのを聞きました。パウロが「私は夜昼、祈りの中であなたのことを絶えず思い起こし」とは、そのような姿ではないだろうかと思います。

しかし、「夜」はどうでしょうか。先ほど、神様への信頼のうちに、夜の休息から始める恵みのリズムについて触れましたが、試練の時にそのリズムが崩されてしまう日もあります。子どものころから体が弱かった方が、夜眠れなかったときの話をしました。昼間は様々なものが目に入り、気が紛れるが、夜になり闇の中で目に入るのは豆電球のオレンジ色のおぼろげな光だけ。それをじっと見つめて何時間も過ごすとき、痛みに全神経が集中する。痛みがすべてであるかのような感覚に陥る。自分の人生は二十歳を超えられないと聞かされて、夜の闇の中で恐れの波に何度も呑み込まれる感覚があった、と話してくれたことがあります。そのような現実があるなかで、しかし、そのような時だからこそ、夜も主は共におられて、だからこそ私たちは祈っているのだよねとパウロは語っているのではないでしょうか。

「私は夜昼、祈りの中で……あなたの涙を覚えているので、あなたに会って喜びに満たされたいと切望しています」(三～四節)。その夜と昼の祈りで思い起こすのは、テモテの涙の姿です。悲嘆の涙や、別れの涙(使徒二〇・三七)、そのほか、人生の極みににじみ出る心の雫《しずく》を、パウロは覚えていたのです。「若き伝道者テモテを、主よ、どうぞ守ってください」と祈り続けたのです。

パウロも試練の中にありました。皇帝ネロの大迫害が起きて、彼自身も捕らえられて牢獄にいるのです。テモテへの心配も絶えなかったことでしょう。思い煩いの渦の中に、心が引き込まれてもしかたがない状況ですが、パウロはそのとりなしの祈りを感謝の祈りで包み込んでいます。

「神に感謝しています」（三節）。直訳すると「恵みを持つ（カリン・エコー）」という表現で、これは感謝するという慣用表現なのでしょう。しかし、直訳の「恵みを持つ」も味わい深く感じます。恵みを手放さないで、自分の手でしっかりと握りしめて、神の恵みを握り込むとき、卑近なイメージですが、おにぎりの中に具を埋めて握り込むように、愛する者へのとりなしの具体的な事々を、感謝で包み込んでいくのです。

この感謝は、信頼と結びついたものです。あるクリスチャンは、祈願の祈りは請求書の祈りで、感謝の祈りは領収書の祈りだと表現しました。「どうぞ〇〇してください」、「まだ応えられていません」と、ないから下さいと請求する祈りもあるのですが、主の恵みを先取りして、「神様、あなたは必要を満たすお方であると信じ、感謝します」、「痛みの経験も、主が恵みに変えてくださると信頼し、感謝します」と、神様への信頼を先取りする領収書の祈りが感謝の祈りなのです。

もし今だれかのことが心配で仕方なく、焦る気持ちでとりなしの祈りをしていましたら、その祈りに感謝の言葉を織り交ぜてみてはどうでしょうか。たとえば、息子のことが心配でしたら（実際に心配な息子さんは世の中にいっぱいいると思いますが）、学校生活、受験、就職、結婚、そのほか様々な事柄で神様に助けを求めつつも、感謝の祈りを織り交ぜる。この子の存在を、ほかのだれでもない人格が与えられて今日も一歩進めることを、イエス様の愛が注がれていることを、神様が共にいてくださることを、感謝していきたいと思うのです。

3　あなたの涙を覚えている

〈Ⅱテモテ一・四〉

「私はあなたの涙を覚えているので、あなたに会って喜びに満たされたいと切望しています。」

再会の願い

使徒パウロは、迫害が起きているローマで捕らえられて、牢獄からテモテに手紙を書いています。パウロが心に思い浮かべることに、涙するテモテの姿がありました。そして、「私はあなたの涙を覚えている」とパウロは書きます。英語の翻訳では「I remember your tears」（ESV）と、なんとも美しい響きです。

続いて、再会の希望を語ります。「あなたに会って喜びに満たされたいと切望しています。」このテモテとの再会を求め、彼をローマに呼び寄せることが、この手紙の執筆目的の一つです。この手紙の後半に、招く言葉が続いています。「あなたは、何とかして早く私のところに来てください」（四・九）。「マルコを伴って、一緒に来てください」（同一一節）。四章二一節には「何とかして冬になる前に来てください」と急がせています。テモテの訪問が遅くなると、もう会えなくなる危惧もあったのでしょう。

このような手紙の言葉を拾うと、テモテの涙は、別れの際に流したものだったのかもしれません。かつて、パウロが第三回伝道旅行を終えてエルサレムへ向かう途中、ミレトスに船が停泊したときに、死を覚悟したパウロが地上での最後の再会のチャンスと思い、エペソの教会の代表者たちをミレトスへ呼び寄せて、告別説教を語ります。

「けれども、私が自分の走るべき道のりを走り尽くし、主イエスから受けた、神の恵みの福音を証しする任務を全うできるなら、自分のいのちは少しも惜しいとは思いません。今、私には分かっています。御国を宣べ伝えてあなたがたの間を巡回した私の顔を、あなたがたはだれも二度と見ることがないでしょう。……今私は、あなたがたを神とその恵みのみことばにゆだねます。みことばは、あなたがたを成長させ、聖なるものとされたすべての人々とともに、あなたがたに御国を受け継がせることができるのです。……こう言ってから、パウロは皆とともに、ひざまずいて祈った。皆は声をあげて泣き、パウロの首を抱いて何度も口づけした。『もう二度と私の顔を見ることがないでしょう』と言った彼のことばに、特に心を痛めたのである。それから、彼らはパウロを船まで見送った」（使徒二〇・二四〜三八）。

実際には、エルサレムでの投獄の後、ローマへ輸送されて二年間の裁判を受け（使徒二八・三〇）、その後、釈放されて、再びエペソを訪問し、再会がかなっていますが、まさしくキリスト者の交わりは「一期一会」、一回の交わりが、神が与えた出会いであり、これが最後かもしれないという思いで大事にする姿が描かれているのです。

使徒の働き二〇章にあるミレトスでの告別説教の場面で、エペソの長老たちとパウロは号泣しています。「皆は声をあげて泣き」（三七節）という場面に、テモテもいたのかもしれません。それから、しばらくの時が経ち、皇帝ネロの暗黒時代に、ローマの大火事が起き（紀元六四年）、その後、紀元六五年ごろよりキリスト教大迫害が起こります。パウロは捕らえられて、死の覚悟の中、残された時間の内に、最後の面会としてテモテを呼び寄せようとしているのです。「あなたに会って喜びに満たされたいと切望しています」（一・四）。

あなたの涙

聖書には涙が時折に記されますが、教会の牧師の学びでは、涙について注意喚起がなされることがあります。主の愛が語られて、恵みに心が動かされ、その自然な反応として涙が出てくることはありますが、その涙が救いの経験のしるしと感じるようになったり、涙を誘う目論見で説教を語って不安定な情緒主義に陥ったりする危うさがあるからです。感情の浮き沈みで救いの確信を測る情緒主義では、信仰は長続きしないので、適切な注意勧告だと思います。

私の所属する日本ホーリネス教団では、「涙と鼻水の回心」と呼ばれるタイプの入信の証しがあります。個々人の証しは尊いのですが、涙で顔をぐちゃぐちゃにしたから本当に悔い改めたというように、涙を救いの経験の証拠のように感じ始めると、良くないのです。お涙頂戴の義理人情ではキリストの教会は形づくられないのです。

しかし他方では、その情緒主義は戒めつつも、聖書の御言葉が涙を語る箇所から読むときには、「涙」について語るのが聖書的だと思います。「私はあなたの涙を覚えている」とパウロが語るとき、どのような涙を指していたのでしょうか。すでに「別れの涙」について述べました（使徒二〇・三七）。それとも「苦しみ・悲しみの涙」でしょうか。あるいは「悔い改めの涙」でしょうか。

「苦しみの涙」について、詩篇五六篇にはとても興味深い表現があります。「どうか私の涙をあなたの皮袋に蓄えてください」（八節）。この詩人は、何重もの苦しみを経験しています。敵対する者に踏みつけられるような苦難（一節）、心の恐れ（三節）、悪意（五節）、襲撃（六節）、不法（七節）、さすらい（八節）など、苦しみが何層にもなって、のしかかる苦難の中で、神様に祈っています。

そこで詩人は主に嘆願します。「どうか私の涙を　あなたの皮袋に蓄えてください」。皮袋とは、水分を蓄える水筒のようなものですが、乾燥したパレスチナでは皆が携帯する身近な道具です。苦しむ信仰者は、神様の皮袋には私たち信仰者の涙が溜められているとのイメージを描きながら、「神様、私の涙の祈りも、あなたの御手で受け取ってくださるでしょうか。ただ無駄に地に流れ落ちるのではなく、ただひたすら祈り続けるこの私の涙を、主よ、受け取って、あなたの皮袋に蓄えてください」と、呻くように祈ったのです。

第二次世界大戦の時のことです。日本基督教団代々木教会に、熊谷政喜牧師とその夫人でアメリカ出身のアイナ先生がいらっしゃいました。多くの欧米出身の方々が本国に一時避難したときに、アイナ先生は日本に残り、苦難を共にされました。戦争への召集令状が届いた若者から問われます。「戦地に赴いたら、この手に小銃を取り、アイナ先生の国の人々を殺すことになる。それは絶対にできないし、何があってもしたくない。いつも聴いている聖書の言葉によっても正当化することはできない。僕たちはどうしたらよいのですか」と涙に崩れながら問いかけられる。そのような時代にアイナ先生が口ずさんだ聖書の言葉が、この詩篇の祈りでした。「どうか私の涙を　あなたの皮袋に蓄えてください。」

悔い改めの涙

別れの涙と苦しみの涙を見てきましたが、もう一つ聖書には「悔い改めの涙」が登場します。初代教会の二大使徒とされるペテロとパウロも、この悔い改めの涙を知る者でした。

特に使徒ペテロは、主イエスが十字架にかかられる前夜に、イエス様ご自身から予告を受けます。

「『シモン、シモン。見なさい。サタンがあなたがたを麦のようにふるいにかけることを願って、聞き届けられました。しかし、わたしはあなたのために、あなたの信仰がなくならないように祈りました。ですから、あなたは立ち直ったら、兄弟たちを力づけてやりなさい。』シモンはイエスに言った。『主よ。あなたとご一緒なら、牢であろうと、死であろうと、覚悟はできております。』しかし、イエスは言われた。『ペテロ、あなたに言っておきます。今日、鶏が鳴くまでに、あなたは三度わたしを知らないと言います』」(ルカ二二・三一～三四)。

信じて従ってきた尊敬するイエス様を否認して、関係を断絶するかのように、「知らない」なんて、しかも三回も！　そんなことはあり得ないとペテロは思ったことでしょう。そして、ゲツセマネの園で祈っていたイエス様が捕らえられたとき、彼はこっそりついて行ったのです。大祭司カヤパの邸宅の中庭に潜り込んで、イエス様への尋問の様子を見つめていました。すると、召使いの女性が来て、「この人も、イエスと一緒にいました」(同五六節)と語ります。あわてたペテロは否定して、自分はイエスを知らないと宣言します。さらに同じようなことが二度繰り返されて、主イエスとの関係を三度目に否定してしまったときに、鶏が鳴いたのです。

「するとすぐ、彼がまだ話しているうちに、鶏が鳴いた。主は振り向いてペテロを見つめられた。ペテロは、『今日、鶏が鳴く前に、あなたは三度わたしを知らないと言います』と言われた主のことばを思い出した。そして、外に出て行って、激しく泣いた」（六〇〜六二節）。

何もないときには自信に満ちていたのに、恐れに呑み込まれて、こんなにも脆く壊れていく。「自信」とは、ポジティブな自己認識として大切で、それを土台にして人生をチャレンジできるものです。しかし、もしそれがその漢字のままの意味で「自分を信じている」とするならば、なんと危ういことかと思います。もし自己絶望に陥ったら、生きる土台すら失いかねません。まして、罪は自己絶望の極み、自分の内にこんなに罪深い部分があるのだと、罪の性質に気づくときが人間にはあるのです。人間に内在する罪に気づくとき、自信を土台とする生き方は危ういのですが、しかし本当の信仰は「自分を信じる」のではなく、「恵みの神を信じる」ことです。立派な私を人生の土台にするのが信仰ではなく、神の大いなる恵みと赦しと愛によって生かされていく姿こそが、信仰なのではないでしょうか。ですから、もし自信をもって生きるとするならば、それは神様への信仰を通して、神の恵みの御声のうちに、自分自身の存在（Being）とたましいが育まれて、使命に生きる（Doing）ということではないでしょうか。

そのために、神様の恵みを土台としない自己の固い内面が一度砕かれる必要があったのです。「〔ペテロは〕外に出て行って、激しく泣いた」という描写は、単なる挫折ではなく、そのような深い内面で、心砕かれていく姿ではないでしょうか。しかし、まさにこの出来事を通して、もう一度、主イエスの御声のうちに、新しい恵みの人生をペテロは形成していきます。十字架で罪の贖いを成し遂げた主イエスは、死を打ち破ってよみがえり語りかけます。

「イエスは再び彼に『ヨハネの子シモン。あなたはわたしを愛していますか』と言われた。ペテロは答えた。『はい、主よ。私があなたを愛していることは、あなたがご存じです』」（ヨハネ二一・一六）。

主イエスの口からペテロへの愛の招きが三度響く。この三度の愛の招きが、ペテロの心を砕くことになった三度の否定を上書きするようにして、主イエスの愛と赦しに生かされる牧者として、ペテロは人生を再出発することができたのです。

もうひとり、使徒パウロはどうでしょうか。パウロが泣いたというような場面は、あまり見つかりにくいかもしれませんが、彼の書簡の中で、涙とともに向き合った出来事がありました。それは、コリント人への手紙第一と第二に記されているコリント事件です。コリントの街にある教会には、様々な問題が起きていました。教会内に争いが起き（Iコリント一・一一～一二）、性的な乱れ（五章）、偶像礼拝への対応（八章）、不適切な聖餐の持ち方（一一・一七～三四）、霊の賜物の混乱（一二～一四章）、復活の誤った教え（一五章）など、問題が噴出していました。それらの課題に適切な指導内容を書き記したのが第一の手紙です。しかし、正しい言葉が必ずしも人を変えるとは限りません。問題に陥っているコリント教会の人々は、生き方を改めなかったようなのです。そこでパウロはさらに手紙を書いて、導き続けます。

実は、私たちがコリント教会へ書かれた手紙の第一書簡と第二書簡として読んでいる手紙の間に、もう一通あったことが、第二書簡に記述されています。それは「涙の手紙」と呼ばれています。

「あの手紙を書いたのは、私が訪れるときに、私に喜びをもたらすはずの人たちから、悲しみを受けることがないようにするためでした。私の喜びがあなたがたすべての喜びであると、私はあなたがたすべてについて確信しています。私は大きな苦しみと心の嘆きから、涙ながらにあなたがたに手紙を書きました。それは、あなたがたを悲しませるためではなく、私があなたがたに対して抱いている、あふれるばかりの愛を、あなたがたに知ってもらうためでした」(Ⅱコリント二・三〜四)。

この涙ながらに書いた手紙とあるのが「涙の手紙」であり、真実な悔い改めに導こうとするパウロの言葉が綴られていたようです。残念ながらこの「涙の手紙」は残されておらず、失われた言葉とされています。一説では、第二書簡の後半に一部分残っているとも言われていますが、結論にいたっていません。いずれにしても、パウロは、混乱の中にあるコリント教会が立ち返るために、存在を傾けて手紙を書き送ったのです。

口語訳では「涙をもって」ですが、新改訳2017では「涙ながら」と訳されています。原語では「ディア・ポルローン・ダクリュオーン」で、「ディア」は「通る」ですから、直訳すると「多くの涙を通して」という表現です。「多く」と「通る」は明示しないかたちで、「涙ながら」と見事に訳しています。そのまま演歌のタイトルになりそうな情感豊かな翻訳と言えるでしょう。

この涙の手紙は、「あなたがたを悲しませるためではなく、私があなたがたに対して抱いている、あふれるばかりの愛を、あなたがたに知ってもらうため」と、目的を語ります。その涙の手紙には、おそらく厳しい言葉も含まれていたことでしょう。混乱から秩序へ、悲しみから慰めへ、信仰へ、そして愛へと、悔い改めを通って信仰へ招く言葉をパウロが書き進めるとき、「多くの涙を通して」書いていると言います。おそらく、文字どおりあふれ出る涙の量が多かったのでしょう。「涙（ダクリュオーン）」を辞書で引くと、落ちる涙の雫《しずく》（tear drop）という意味も出てきます。一言ずつ書くなかで、一滴ずつ心から染み出るものが溢れ、こぼれ落ちていく、そのようにして、「あなたがたに対して抱いている、あふれるばかりの愛を」伝えたパウロの涙の手紙が、コリントの人々を悔い改めに導いていったのです。

この説教を準備しながら、私自身、本当に心砕かれなくてはならない頑なさ、見え隠れする高ぶり、また主に信頼するよりも自分の経験に頼ろうとする課題に気づかされています。主よ、どうぞ私の心を砕いてください。ペテロを砕き、恵みのうちに立ち上がらせてくださったように。また、パウロを用いて、主の注がれる愛を、涙をもって届けてくださったように、あなたの大いなる恵みに立ち返る者とならせてください。そのように祈りつつ、皆さんとともに立ち上がりたいと願っています。

4　テモテの信仰・偽りを越えて

〈Ⅱテモテ一・五〉

「私はあなたのうちにある、偽りのない信仰を思い起こしています。その信仰は、最初あなたの祖母ロイスと母ユニケのうちに宿ったもので、それがあなたのうちにも宿っていると私は確信しています。」

前回に続き、使徒パウロが、書簡の受け取り手のテモテに向けて、親愛の思いを込めて語りかけている場面です。テモテの信仰について、二つの側面を語っています。一つは、テモテは「偽りのない信仰」を持っているということ、そして二つ目に、生きた信仰を受け継いでいるということです。今回は、一つ目を見ていきましょう。

偽りのない信仰

「信仰」には多くの側面があるにしても、本来は真実なものであるはずでしょう。「偽りのない信仰」という表現をパウロが用いる場合、その反面、ある人々は「偽りのある信仰」を持っているという意味が含まれます。そこで問われることは、どのような種類の「偽りのなさ」を語っているかということです。

「ピスティス」という言葉がここで用いられていて、新約聖書では多くの場合「信仰」(faith) と訳されますが、聖書箇所によっては、この「ピスティス」を「真実」(faithfulness) と訳すケースが増えています。あるいは、「信頼」(trust) という意味で解釈される場合もあります。信じる対象の真実さに力点を置くか、その対象への信頼や信仰という能動的関わりに力点を置くかで、多くの議論が重ねられてきた聖書箇所があります。けれども、「真実」と「信仰」は二者択一ではなく、同じコインの表裏のような不可分な関係概念を言い表していると言われます。「真実だから、信じることができる」ということだろうと思います。

少し先に出てきますが、二章一三節にこのような言葉が登場します。「私たちが真実でなくても、／キリストは常に真実である。／ご自分を否むことができないからである。」なんと力強いキリストの真実を証しする御言葉でしょうか。キリストの真実との対比として、私たち信仰者の不真実さが指摘されます。原文では「エイ（もし）」という仮定を意味する前置詞が添えられていますが、使徒パウロは自身も含めて信仰者の不真実さ、欠け、罪ある存在という自覚があったのでしょう。

それでは、テモテの「偽りのなさ」とはどのような意味なのでしょう。一章五節の「偽りのない」と訳される言葉は「アニュポクリトス」というギリシア語です。分解すると「ア」

と「ヒュポ」と「クリノー」に分けられ、後ろの二つをまとめると、馴染みのある言葉、「偽善」を意味する「ヒュポクリノー」になります。「ア」は否定の接頭辞言葉です。この「ヒュポクリノー」は、そのまま英語の「偽善（hypocrite）」の語源です。共観福音書では、イエス様がパリサイ人の偽善を繰り返し指摘するときに、「わざわいだ、偽善の律法学者、パリサイ人」（マタイ二三・一三、一五、二三、二五、二七、二九）と、鋭く呼びかけています。

「わざわいだ、偽善の律法学者、パリサイ人。おまえたちは白く塗った墓のようなものだ。外側は美しく見えても、内側は死人の骨やあらゆる汚れでいっぱいだ。同じように、おまえたちも外側は人に正しく見えても、内側は偽善と不法でいっぱいだ」（同二七～二八節）。

パリサイ人は、外側の行いにおいて律法に忠実に生きようとしていたのですが、内面の汚れを覆い隠していました。それが偽善であり、「偽りなき」の逆の姿なのでしょう。

ヨハネの福音書で、イエス様が弟子を集めるとき、ナタナエルと出会う場面があります。

「イエスはナタナエルが自分の方に来るのを見て、彼について言われた。『見なさい。まさにイスラエル人です。この人には偽りがありません』」（一・四七）。

「偽りがありません」と訳されている語は、先ほどの「非偽善」を意味する「アニュポクリトス」とは別の言葉（ドロス）ですが、通じる内容があると思います。イエス様は、ナタナエルのことを「この人には偽りがありません」と評価しました。彼が嘘偽りのない純粋で澄んだ瞳を持っていたのかもしれません。しかし、この表現は悔い改めの詩と呼ばれる詩篇三二篇の引用と見ることができます。

「幸いなことよ
その背きを赦され　罪をおおわれた人は。
幸いなことよ
主が咎をお認めにならず
その霊に欺きがない人は。
私が黙っていたとき　私の骨は疲れきり
私は一日中うめきました。
昼も夜も　御手が私の上に重くのしかかり
骨の髄さえ　夏の日照りで乾ききったからです。
セラ

私は自分の罪をあなたに知らせ
自分の咎を隠しませんでした。
私は言いました。
『私の背きを**主**に告白しよう』と。
すると　あなたは私の罪のとがめを
赦してくださいました。
セラ」（一～五節）

心に秘めた罪を抱えて、自分の罪を言い表せず、「私が黙っていたとき　私の骨は疲れきり／私は一日中うめきました」（三節）と、罪責告白をしないたましいの苦悩を語ります。しかし、「私は自分の罪をあなたに知らせ／自分の咎を隠しませんでした。／私は言いました。／『私の背きを**主**に告白しよう』と。／すると　あなたは私の罪のとがめを／赦してくださいました」（五節）。ですから、この詩篇にある「幸いなことよ。……その霊に欺きがない人は」（二節）とは、罪汚れのない純真な心のことではなく、神の前に偽りなく真実に罪を告白する心を指しているのではないでしょうか。若き伝道者テモテも、過ち、欠け、誘惑、いたらなさと向き合うことがあったでしょう。しかし、そのたびごとに、憐れみ深き神の御前に出て、心砕かれて祈り、主イエスの十字架の恵みによって生かされている恩寵に立ち返り続ける者だったのではないでしょうか。

キリスト者の哲学者・森有正は、このような言葉を語りました。

「人間というものは、どうしても人の知らせることのできない心の一隅を持っておりま す。醜い考え方がありますし、また秘密の考えがあります。またひそかな欲望がありますし、恥がありますし、どうも他人に知らせることのできない心の一隅というものがあり、そういう場所でアブラハムは神様にお眼にかかっている。そこでしか神様にお眼にかかる場所は人間にはない。人間はだれはばからずしゃべることのできる、観念や思想や道徳や、そういうところで人間はだれも神様に会うことはできない。人にも言えず親にも言えず、先生にも言えず、自分だけで悩んでいる、また恥じている、そこでしか人間は神様に会うことができない」（『土の器に』日本基督教団出版局、二二頁）。

十字架の深みを、たましいの奥底で知る者は幸いです。他人には隠せる領域があるかもしれない、自分自身にもごまかせる部分があるかもしれない。しかし、真の神に心の部屋のすべてを明け渡して、知っていただき、罪を赦していただき、十字架の恵みに生かしていただく者こそが幸いな者なのです。

5　受け継がれる信仰

「その信仰は、最初あなたの祖母ロイスと母ユニケのうちに宿ったもので、それがあなたのうちにも宿っていると私は確信しています。」

〈Ⅱテモテ一・五〉

信仰をつなげる

この手紙は、使徒パウロの人生最後の手紙であり、いわゆる遺言とも呼べる書簡ですが、また同時に若き伝道者を育てる次世代育成の言葉でもあります。「信仰は……祖母……母のうちに宿ったもので、それがあなたのうちにも宿っていると私は確信しています」と、世代を超えて受け継がれている姿が描かれています。

このテモテと使徒パウは、小アジア（現在のトルコ）の内陸部、リステラの町で出会いました。第二回伝道旅行の途中のことでした（使徒一六・一）。彼はギリシア人の父親とユダヤ人の母親の間に生まれました。この出会いの時には、すでにテモテは祖母と母より信仰を受け継いでいて、パウロとともに旅する伝道チームに加わります。ユダヤ教の会堂を場とする伝道に従事するために、ユダヤ人としての神様との契約のしるしであった割礼を受けます（同三節）。先の見えない過酷な伝道旅行にテモテを送り出した家族の信仰も背景にあったことでしょう。

テモテへの手紙第二に、祖母と母の名前が紹介されます。祖母の名はロイス、母の名はユニケです。母はユダヤ人ですが、ギリシア風の名前を用いています。「ユニケ」は「ユ」と「ニケ」から成る言葉で、「ニケ」は「勝利」を意味して、英語風に発音すると、スポーツ用品メーカーの「ナイキ」です。「ユ」は「良い（good）」の意味なので、「ユニケ」は「良い勝利」を意味する、とても積極的な名前です。

テモテの家族は、祖母、母、息子と三世代にわたって信仰を継承していったクリスチャン・ファミリーでした。これはなんという祝福でしょう。祖母の祈りには力があります。

東ヨーロッパが共産主義だったころ、キリスト者は試練を通りました。いつ密告されるかわからない恐れの中で、教会の信仰は衰退していくだろうと人々は予想しました。しかし、世代が進んだときに、生きた信仰を受け継いだ若い世代が育っていたのです。そのことについて、ある人はこう語りました。「権力者の脅しよりも、孫を膝にのせて語られるおばあちゃんの聖書物語のほうが強かった」と。

この信仰継承は三世代どころではなく、神の民の歴史に通じていくまなざしで、パウロはこう語ります。「先祖がしてきたように、私もきよい良心をもって仕えている神に感謝しています」（三節）。翻訳をするときに、長文で修飾表現が多くなると語順が入れ替わったり、修飾関係が見えにくくなったりすることが多くあります。この箇所の原語に近い訳は口語訳で、「先祖以来つかえている神」と訳されます。先に生まれた者（つまり先祖）が仕えてきたと、信仰の対象と奉仕者として訳されるのが通常ですが、「仕える」は「ラトレウオー」なので「仕える」よりも「礼拝する」という意味合いが深いでしょう。三世代をはるかに超えて、神の民が主を真の神として礼拝をささげてきたその流れにつながって、神に感謝していると、パウロは語っているのです。歴史を超えて、旧約聖書の神の民とともに、大いなるお方へ礼拝をささげる幸いを語っています。

いのちをつなぐ「信仰の子テモテ」

パウロは、手紙の受け取り手であるテモテに、こう呼びかけています。「愛する子テモテへ」（二節）。テモテの血縁関係として、祖母と母より受け継いだ信仰を見ましたが、血縁関係にないパウロが、テモテを「愛する子」と呼ぶとはどういうことでしょうか。パウロより、若き伝道者テモテがいのちある信仰を受け継いで、それゆえテモテはパウロにとって信仰の子なのです。信仰においてつながる関係が、血縁を超えるものとなることを表しています。

ある学校で、生徒たちに自己紹介シートを記入して互いを紹介し合うアクティヴィティをしました。親族の多くがクリスチャンなのに、そして自身も洗礼を受けているのに、少女は家の宗教という項目に「なし」と記入したというのです。彼女のお父さんはそれをとても喜んだそうです。我が家では、多くの者がイエス様を信じるクリスチャンだけれども、家の習俗でキリスト教徒をしているのではない。たといクリスチャンホームを形成していたとしても、一人ひとりがイエス様と個人的に出会って、イエス様を信じ救われてクリスチャンになる。だから、キリスト信仰は家制度を超えるのだというのです。

パウロは個々人にいのちある信仰が息づくことを語ります。「信仰は、最初あなたの祖母ロイスと母ユニケのうちに宿ったもので、それがあなたのうちにも宿っている。」祖母に宿り、母に宿り、そして、信仰の子テモテに宿っている。「宿る」というのはいのちある存在に用います。「宿る」や「住まう」と訳される表現は何種類かありますが、ここでは「エノイケオー」が用いられています。分解すると「エン」と「オイコス」から成る言葉で、「エン」は英語の「in」と同じ「中に」です。「オイコス」は「家」です。ですから、祖母と母、そしてテモテに宿るとは、信仰者を家とするようにいのちある信仰が住まうということです。

いのちある信仰が大切です。死んだ信仰形式ではいけません。本来、いのちあるライフスタイルが、形式だけ死骸として変化することを「形骸化」と表現します。キリストのいのちに触れて、いのち溢れる信仰に生きていきたいと願います。

6　再び燃え立たせる

〈Ⅱテモテ一・六～七〉

「そういうわけで、私はあなたに思い起こしてほしいのです。私の按手によってあなたのうちに与えられた神の賜物を、再び燃え立たせてください。神は私たちに、臆病の霊ではなく、力と愛と慎みの霊を与えてくださいました。」

若きテモテの再出発

このテモテへの手紙第二は、晩年の使徒パウロが、若き次世代伝道者のテモテに向けて書き送った手紙といわれます。パウロは「臆病の霊ではなく」と諭すので、時折にテモテが弱さで落ち込むことがあったことに気づいていたのかもしれません。このような描写に触れると、次世代伝道者のテモテは、実際にはどれぐらいの年齢だったのだろうと思い巡らしたくなります。実年齢はわかりませんが、パウロがテモテと出会ったのは、第二回伝道旅行（五〇～五二年）のころです。バルナバという最良の同労者と別れた後に、シラスという協力者を得て、さらにリステラで若者テモテと出会っています（使徒一六・一）。そして、このテモテへの手紙第二を書いている時期は、ローマの大火（六四年）をきっかけに進んだ皇帝ネロによるキリスト教大迫害の時期で、その迫害はネロの自殺（六八年）まで続いたといわれていますから、この手紙を書いていたのは六五〜六八年の間と見て差し支えないでしょう。すなわち、テモテは伝道チームに入り、パウロとともに旅を開始してから十五年以上経ち、ベテランになり始めているミドル世代の牧師ということになります。

若い伝道者といっても、「若さ」は相対的ですので、立ち位置によります。高齢牧師の引退後に、後任として六十歳代の牧師が赴任したとき、「若い牧師が来た」と歓迎された話は珍しくありません。晩年のパウロから見ると、テモテは若いのです。また、教会の長老たちからすれば若く見えたことでしょう。ですから、このような手引きを受けています。「あなたは、年が若いからといって、だれにも軽く見られないようにしなさい。むしろ、ことば、態度、愛、信仰、純潔において信者の模範となりなさい」（Ⅰテモテ四・一二）。このように諭されていますが、実はミドル世代の立派な担い手になっている。そこで、再献身と再出発が促されて、「神の賜物を、再び燃え立たせてください」と語られているのです。

この聖書箇所には、「再び」を意味する「アナ」という接頭辞が付く動詞が二つ登場します。「思い起こす」と「再び燃え立たせる」の二つの言葉です。「思い起こす」は「アナミムネースコー」という言葉で、「想起する」の前に「アナ（再び）」が付いて、再度想い起こすように招かれる表現です。この語は「主イエスを覚えて」という場面でも用いられる大切な信仰における想起を意味します。聖書協会共同訳で「注意したい」と訳されていますが、注意勧告を込めて再び心に留めるようにと導く表現ですが、やはり再想起に意味があるでしょう。駆け出しのフレッシュな時代の希望に生きていた初めの献身の心を想い起こせと、ミドル世代になったテモテの内面を呼び起こしているのです。

二つ目の「アナ」が付く言葉として、「再び燃え立たせる」(六節)も見ましょう。「アナゾーピュレオー」という言葉です。分解すると「アナ(再び)」と「ザオー(生きる)」と「ピュール(火)」の三つから成る動詞で、「再び命を燃やす」という意味合いになります。若者だったころの情熱を、生きることや生活で命そのものを熱くしていた部分を、くすぶっていた内面を、聖霊の息吹で再び燃やしなさいと勧めているのです。

力と愛と慎み

パウロは語ります。「神は私たちに、臆病の霊ではなく、力と愛と慎みの霊を与えてくださいました。」新約聖書で「霊」と記されるとき、いつもそこに書かれている「霊」は、人間の霊のことか、それとも神の霊としての「聖霊」のことかを判別する必要があり、頻繁に解釈の議論になります。「臆病の霊」という表現は、聖霊にはふさわしくない表現ですので、ここではおそらく人間の霊を言い表していると見ることが適切と思いますが、それとともに、神の霊である聖霊の豊かな働きかけによって、私たちの霊が「臆病」の性質から、力と愛と慎みを帯びる霊へと強められていくと理解することが大切でしょう。信仰者の霊は、聖霊の働きかけで強められるのです。

「力」は「デュナミス」という言葉です。ノーベル賞で有名な発明家ノーベルが、岩盤を砕く威力を持つダイナマイトを発明し、それに名前をつける際にギリシア語の「力（デュナミス）」から取ったというのは有名な話です。神の力が現れるのです。そして、パウロとともに旅をしたルカが書き記した文書では聖霊を「力」と表現しています。

「見よ。わたしは、わたしの父が約束されたものをあなたがたに送ります。あなたがたは、いと高き所から力を着せられるまでは、都にとどまっていなさい」（ルカ二四・四九）。

「しかし、聖霊があなたがたの上に臨むとき、あなたがたは力を受けます。そして、エルサレム、ユダヤとサマリアの全土、さらに地の果てまで、わたしの証人となります」（使徒一・八）。

キリストを証しする力、世界に福音を届ける力が聖霊のデュナミスだ、とルカが証ししています。この宣教の力である聖霊が、私たちの心に働きかけ、私たちの霊を強めてくださるので、「力と愛と慎みの霊を与えてくださいました」とパウロは確信をもって語ることができたのでしょう。

「愛」は「アガペー」という言葉です。これはイエス・キリストの十字架で自らを与える愛として用いられます。愛を表す別の表現で「エロース」という言葉もありますが、こちらは価値あるものを追い求める愛で、古代ギリシア哲学では究極の価値あるものが「真、善、美」とされ、真理の追究と、善き生き方を求め、美しきを慕い求めることを意味しました。しかし、主イエスは、罪人である私たちのために十字架にかかって、罪の赦しと真の愛を示してくださった。「『キリスト・イエスは罪人を救うために世に来られた』ということばは真実」（Iテモテ一・一五）とパウロは語りました。また、ローマ人への手紙では、このようにキリストの愛を証ししています。

「ご自分の御子さえも惜しむことなく死に渡された神が、どうして、御子とともにすべてのものを、私たちに恵んでくださらないことがあるでしょうか……だれが、私たちをキリストの愛から引き離すのですか。苦難ですか、苦悩ですか、迫害ですか、飢えですか、裸ですか、危険ですか、剣ですか……しかし、これらすべてにおいても、私たちを愛してくださった方によって、私たちは圧倒的な勝利者です……高いところにあるものも、深いところにあるものも、そのほかのどんな被造物も、私たちの主キリスト・イエスにある神の愛から、私たちを引き離すことはできません」（八・三二～三九）。

この箇所で、繰り返されている「愛」は「アガペー」という言葉です。読者を圧倒するような、キリストの愛の勝利を証しするパウロの力強い言葉です。このキリストの愛を受けた者の内に「アガペーの愛」が宿る。だからパウロは語ります。「神は私たちに、臆病の霊ではなく、力と愛と慎みの霊を与えてくださいました」（Ⅱテモテ一・七）。神は私たちに贈物として、愛を与えてくださったのです。

音楽家のMさんは、奥様と共に、子どもたちの居場所として家庭を解放する里親の働きを長年続けてきました。親はいても養育を受けることが難しい子どもたちのために、保護施設だけでなく、なるべく家庭を経験できるようにと里親制度が用いられています。その中でも、特に心の傷が深く、生活が荒れている子どもを迎える働きをされていました。しかし、行き詰まる思いになるときもあったようです。そんな頃、演奏家仲間が教会に誘ってくれて、夫婦で通うようになりました。そして、奥様が先に洗礼を受ける決心をされました。心にこのような確信を持ったそうです。「私の内にも愛はある。でも傷ついた子どもたちをケアするためには、私の愛では足りない。私にはイエス様の愛が必要！」心からそう思い、イエス様を心に迎えて、洗礼を受けたのです。

私は、このお話をご主人から伺ったときに、私も同じ欠乏とニーズを感じていると実感しました。まことの愛を持つお方はイエス様。大切な人を愛するためには、私自身の内側のものだけでは、力が足りず、いえ自己愛に歪んでいて、口からは自己弁明の言い訳ばかりが染み出してくる自分にがっかりするような者です。でも、その自分の内側の愛の欠乏に、本当に気づかされるとき、そして、まさにそこでこの私のために十字架の愛を注いでくださった主イエス・キリストから流れ落ちるアガペーの愛を受ける時に、欠け多き私が主と結ばれて、主の伸ばされた御腕の一部となって、傷む世界の破れ口に立つ者として用いていただける。そのような者にならせていただきたいと祈りつつ、歩むのです。

慎み、セルフ・コントロール

「力と愛と……」そして、もう一つは「慎み」です。聖書協会共同訳では「思慮」と訳されて、思いを深めて理解し配慮するという表現が用いられています。英語の多くの翻訳では「セルフ・コントロール」と訳されます。自分自身を整えていくのです。

私は、この力と愛と慎みという三つが絶妙なバランスをもっているように感じます。突破力があり力みなぎる奉仕者が配慮に欠けて周囲の人々を痛めてしまうことがあるでしょう。あるいは愛する思いばかり深くて、相手を思い測れずに傷つけてしまう場合も、よく起こることだと思います。皆さんはどう思いますでしょうか。力と愛の空回り現象が起きやすく、悪気がない分、対応が難しく教会が悩まされるというような状況を見たことはないでしょうか。それを補うのが「慎み」なのかもしれません。力と愛と共に「慎み」がある、思慮を深めながら自らを制御しつつ、本当の意味で力強く、人を生かす愛を用いるとはどういうことかを問いながら生きる人に成長していくのではないでしょうか。力と愛と慎みの三要素にはダイナミックなバランスがあるのです。

　そのために、私たち信仰者は内面を整えていく必要があります。この力と愛を伴うセルフ・コントロールとは、たましいのケアの領域にも通じるように思います。今週は、神学校の信徒コースとして、インテグレーション黙想セミナーがありました。インテグレーションとは「統合」という意味で、傷つき裂かれた自己や、心の奥に閉じ込められた悲しみを、主の恵みの内に取り戻し、トータルな人間として回復する黙想に浸る集いです。素晴らしい黙想の手引きをなさるO先生に導いていただきました。私はネット機材操作のためにスタッフとして急遽駆り出されました。語り合いの時間に、参加者をグループに振り分けましたら、講師のO先生と二人だけ画面に残されました。講師の先生の邪魔をしてはいけないと思っていましたら、「宮﨑さん、分かち合いをしましょう」と声をかけてくださって、なんと二人で語り合う時となり、それが二日間のセミナーの間に何度も続いたのです。

　促しを受けて、語りだすと、心から溢れる思いが湧き出してきました。ちょうどこの年はコロナ三年目の閉塞感に悩む時期であり、また教会の交わりが深く痛んだ時期で、私自身の心が打ちのめされている感覚がありました。パウロがコリントの教会に語ったメッセージの中に、人間はもろい「土の器」であって、しかし、キリストという宝を持つという箇所がありますが。その中に、「倒されますが、滅びません」（Ⅱコリント四・九）という言葉があります。

英語で「ノック・ダウンされても、ノック・アウトされない」という翻訳があると聞いたことがあります。ボクシングでは、もし倒されても、一〇カウント以内に立ち上がればよい。ダウンしてもまだ敗北（ノック・アウト）ではないというのです。打ちのめされている思いの私は、まだ少し倒れていよう。心に「ワン、ツー、スリー……」とカウントが響いているけれど、まだ回復を待っていてよいのだ。最善の時に復活の主が私を立たせてくださるから と、思いが与えられていきました。その時の自分の弱さと、主への思いと、まだ心が波立ち乱れている姿を講師に聞いていただき、静かに温かくうなずいて受けとめてくださいました。私は「はっ！」と気づかされました。奉仕者として呼ばれた私だけれど、神様がこの恵みの交わりに呼んでくださったのだと。

力と愛に伴ってセルフ・コントロールがある。聖霊に向かう時、心が探られながら、たましいが整えられていくのです。具体的な手引きとして、まず第一に、一日の終わりに感謝日記をつけることをする。第二に、心の針が振れる出来事を見つめ、肯定的動きも否定的動きも、それが何を意味しているか、どこからきた動きか、聖霊に「自分の内面の気づきを与えてください」と祈り求めていく。第三に、気づきのプロセスで心に湧いてきたことを、祈りとして神様の御手にゆだねる。教会の古くからの伝統で培われた祈りのスタイルが、たましいのケアとして、内面を整えてくれる。聖霊との交わりによるセルフ・コントロールとなる。否定的な怒りのエネルギーや、心を蝕《むしば》む負の感情などを、理解し受けとめて整える祈りとなっていくのです。そして、小さな気づきの中で、感謝を見つけ、恵みの人として整えられていく道を黙想セミナーで教えていただきました。

なんと豊かな主との交わりでしょうか。力と愛と慎みの霊によって、内なるいのちを燃やされていくのです。

7　主の囚人であることを恥じない

〈Ⅱテモテ一・七〜八〉

「神は私たちに、臆病の霊ではなく、力と愛と慎みの霊を与えてくださいました。ですからあなたは、私たちの主を証しすることや、私が主の囚人であることを恥じてはいけません。むしろ、神の力によって、福音のために私と苦しみをともにしてください。」

前回は、聖霊が信仰者の内に与えてくださる「力と愛と慎みの霊」について学びました。聖霊によって神の力に支えられて生きるのですが、その力で「福音のために……苦しみをともにしてください」と語ります。キリスト者の歩みは苦しみなき人生ではなく、福音のために苦難をも共にする人生だとパウロは語りかけています。

迫害による捕縛

この背景には、初代教会が直面した迫害の歴史があります。これまで局地的だったキリスト教への迫害が、ローマ皇帝ネロの時代には厳しい徹底した宗教弾圧に発展しました。ローマ帝国は皇帝によって政策ががらりと変わるわけですが、中でもこの皇帝ネロ（六〇年代後半の大迫害）、皇帝ドミティアヌス（九〇年代、ヨハネ黙示録の背景）、皇帝ディオクレティアヌス（四世紀、キリスト教公認前の最後の大迫害）のキリスト教大迫害は苛烈なことで有名です。

皇帝ネロの大迫害の時期（六五〜六八年）に使徒パウロは捕らえられ、斬首によって殉教の死を遂げています。その殉教の一歩手前のパウロが語るのです。「私が主の囚人であることを恥じてはいけません。むしろ、神の力によって、福音のために私と苦しみをともにしてください」と。

捕らわれを恥じる心とは

迫害によって牢に入れられることは、苦しいことであり、大きな試練です。そして初代教会の使徒たちはたびたび投獄を経験しました。エルサレムで投獄され（使徒五・一七〜二六）、ピリピでむち打ちと投獄を経験し（同一六・一九〜三四）、カイサリアで二年間監禁され（同二四・二二〜二七）、ローマで軟禁生活を送りました（同二八・三〇〜三一）。宣教の働きと迫害はいつも隣り合わせだったのです。しかし、ここでパウロが課題として指摘していることは、囚人になるかどうかではなく、迫害を受けて捕らえられることを恥じるかどうかです。

「私が主の囚人であることを恥じてはいけません。」

犯罪を犯したがゆえに逮捕されて、前科がつくことを恥と感じる人はいるでしょうが、それとは異なり、本人の悪事ではなく、主に仕える使命の中で公権力から脅され、理不尽に社会から迫害を受けるという経験を教会は通ってきました。

キリストを「証しする」のがキリスト者の使命です。「証しする」という意味の「マルトュレオー」という言葉は「殉教」という意味も辞書には出てきます。本当の証しは、いのちをもって証しするものだからです。初代教会は、投獄される危険性を帯びていても、福音を証しすることの尊さを認識していました。にもかかわらず、捕らわれを恥じる人々がいたことも事実だったようです。少し先にある一五節に「アジアにいる人たちはみな、私から離れて行きました」とあります。後にその聖書箇所の説教で丁寧に見ますが、社会的立場を確立している者にとって、福音宣教のために囚人になることが恥に感じ、距離を取って去ってしまう者がいたことに、パウロは心を痛めていたようです。その対比として、オネシポロという信仰者の名前が一六節以降に登場しますが、「私が鎖につながれていることを恥と思わず、ローマに着いたとき、熱心に私を捜して見つけ出してくれました」(一六～一七節)とあります。危険を顧みず、ローマの獄中を訪問してくれた彼は鎖を恥と思わないと、共に福音に生きる信仰者の姿を喜んでいます。

日本の弾圧

日本にも弾圧の歴史があります。戦国時代から江戸時代まで続いたキリシタン弾圧は、世界の迫害の歴史の中でも、最も徹底したものだったといわれます。また、私の所属する教派のルーツとなるホーリネス系の教会は、太平洋戦争の最中、一九四二年六月二十六日に牧師の一斉検挙、翌年四月に文部省は教会解散処分を下します。改正版の治安維持法を用いて、再臨信仰を革命思想として認識して起きた思想弾圧事件で、これは「ホーリネス弾圧事件」と呼ばれます。

村上宣道牧師は、小学校三年生の時の弾圧を受けた記憶を、弾圧記念聖会で語っておられます（「参加すべき競争」、『神の言葉はつながれていないII——ホーリネス弾圧記念聖会講演・説教集』ヨベル、一〇～二七頁）。要約して紹介します。

青森県で父親が牧会する教会の牧師館に突然、三人の特高警察があらわれて家宅捜査をし、押し入れや天井裏まで引きはがして、書籍、ノートや手紙などリアカーいっぱいに積んで持ち去って行きました。赤ん坊を抱っこしていた母が、父の愛用聖書を隙間に挟んで、その一冊の聖書だけが残されました。近くの牧師、辻啓蔵先生は検挙され、厳しい収監生活を強いられました。辻先生の息子の辻宣道くん（後に牧師となる）とは、近隣の牧師の息子同士、同じ「宣道」という名前で、一緒に遊んだ経験があります。

父は家宅捜査だけでしたが、教会解散命令のときに、教会員に書いた手紙が嫌疑にかけられて、留置されることになりました。もともと体の弱い父は一か月の留置で餓死寸前、栄養失調で体がむくんで、敷居がまたげないほど衰弱して帰って来ました。オルガンが競売にかけられ、十字架が埋められ、看板が外される教会の姿を見ていた少年時代の私（村上宣道先生）は、拳を振り上げて「覚えてやがれ」と怒りあらわにつぶやいていました。

辻啓蔵牧師は留置所で獄死しました。しかし、その息子・辻宣道は信仰を回復し、牧師になり、後に日本基督教団の総会議長になりました。この弾圧経験とそこから学んだことを、『嵐の中の牧師たち――ホーリネス弾圧と私たち』（新教出版社）という著書で、深く批判的に考察しています。

パウロ先生は、「主の囚人であることを恥じてはいけません」と語りますが、心の内の感情は様々に動くものです。弾圧経験家族は、混乱と危機対応の中で、戸惑い、悲しみ、恐れ、憂え、怒り、そして祈っていくのです。揺れ動く感情を超えて、主への心が人生の旅路の中を導いていくのでしょう。

迫害する世に生きるキリスト者

迫害の歴史に触れるとき、皆さんは何を思うことでしょう。人権が重んじられ、人格が尊ばれることを目指す時代が現代です。しかし、それは決して当たり前なのではなく、社会の抑圧的性格は、ときに表立って、ときに潜む形で内在しています。人が人として尊ばれる社会を形成するための戦いがあるのです。人類の歴史では、神の御前にある私として、真実に信仰に生きようとするとき、迫害を受けることがあるのです。クリスチャンは世の中で「生きづらさ」というジレンマを抱えながら歩んでいきます。ヨハネの福音書では、世と信仰者の関係が記されていますが、こうまとめることができます。

私たちは世の者ではない（not of the world）一七章一四節
しかし、世の中に生きる（but in the world）一六章三三節
そして、世を愛するために生きる（for the world）三章一六節

イエス・キリストは世に迫害されて、十字架にかかられました。しかし、それは世を罪から救うためでした（ヨハネ一・二九）。そうです、主の十字架は、ご自身を迫害する世を愛するためだったのです。「神は、実に、そのひとり子をお与えになったほどに世を愛された。それは御子を信じる者が、一人として滅びることなく、永遠のいのちを持つためである」（同三・一六）。

8 恵みの招き

〈Ⅱテモテ一・九～一〇〉

「神は私たちを救い、また、聖なる招きをもって召してくださいましたが、それは私たちの働きによるのではなく、ご自分の計画と恵みによるものでした。この恵みは、キリスト・イエスにおいて、私たちに永遠の昔に与えられ、今、私たちの救い主キリスト・イエスの現れによって明らかにされました。」

一章の後半に向かって、使徒パウロが若き伝道者テモテに福音を宣べ伝える使命を託していく言葉が続きます。いくつもの重要な言葉が凝縮して用いられていますので、主題ごとに丁寧に理解を重ねていく必要があります。

この聖書箇所、九節と一〇節には神の恵みによる救いについて、いくつもの角度から語られています。「神の招き」、「働きによるのではなく恵みによって」など、ここのパウロの言葉に、救いの理解に重要な要素が詰まっています。主題ごとに見ていきましょう。

神の招き

パウロはこう語っています。「神は私たちを救い、また、聖なる招きをもって召してくださいました。」　ここで神様の招きが語られますが、「招き」と「召して」と翻訳されている二つの言葉には「呼びかける」（カレオー）の動詞と名詞（クレーシス）が用いられています。ですから、直訳すると「聖なる呼びかけを呼びかける」となります。それを「招き」や「召し」などと訳し分けるのです。これは英語の「コーリング」にあたります。神様の呼びかけを受けて、招きの御声を受けるのが神の民です。

旧約聖書では、はじめの人間が罪を犯したときに、こう描写されています。

「それで人とその妻は、神である**主**の御顔を避けて、園の木の間に身を隠した。神である**主**は、人に呼びかけ、彼に言われた。『あなたはどこにいるのか』」（創世三・八〜九）。

ここに人間を捜し求め、失われた存在に呼びかけ続ける造り主の姿が書き記されています。ユダヤ人哲学者のアブラハム・J・ヘシェルは、その著書『人間を探し求める神』（キリスト聖書塾）の中で、この人間を捜し呼びかける「あなたはどこにいるのか」という声は、音なき声として歴史を貫いて世界に響き続けていると語っています。罪ある人間を恵みのうちにご自身のもとへ呼び戻すために、神様は呼びかけ続けておられるのです。

ですから、神の御言葉である聖書に聴くということは、神の恵みの招きに生かされることを意味します。それゆえに神の御声に聴いて生きることが、神の民の最も重要なこととされます。旧約の民が口ずさんだ「シェマー」と呼ばれる申命記六章四〜五節には、こう記されています。

「聞け、イスラエルよ。**主**は私たちの神。**主**は唯一である。あなたは心を尽くし、いのちを尽くし、力を尽くして、あなたの神、**主**を愛しなさい。」

神の民とは、主なる神に呼ばれ、その主の御言葉を聞き生かされる姿が、神の民の特質と言えます。さらに新約聖書では、イエス様が弟子たちを信仰告白に導いたときに、キリストの教会を建てると語られました。そのときに用いた「教会」と訳される言葉は、ギリシア語の「エクレーシア」です。

「イエスは彼らに言われた。『あなたがたは、わたしをだれだと言いますか。』シモン・ペテロが答えた。『あなたは生ける神の子キリストです。』すると、イエスは彼に答えられた。『バルヨナ・シモン、あなたは幸いです。このことをあなたに明らかにしたのは血肉ではなく、天におられるわたしの父です。そこで、わたしもあなたに言います。あなたはペテロです。わたしはこの岩の上に、わたしの教会を建てます。よみの門もそれに打ち勝つことはできません』」（マタイ一六・一五〜一八）。

この「エクレーシア」（教会）という言葉も、先ほどの「呼びかける」を意味する「カレオー」に、「出る」を意味する「エク」という接頭辞が付いたものです。主の呼びかけによって呼び出された神の民を意味するのです。そして、このマタイの福音書一六章は、イエス様が新しい神の民を、主の恵みの福音で呼び出された「エクレーシア」として教会建設をすると宣言しておられる重要な御言葉です。

また、イエス様は羊を連れ出す良き羊飼いとして、御声で呼びかけて導いてくださいます。

「門から入るのは羊たちの牧者です。……羊たちはその声を聞き分けます。牧者は自分の羊たちを、それぞれ名を呼んで連れ出します。羊たちをみな外に出すと、牧者はその先頭に立って行き、羊たちはついて行きます。彼の声を知っているからです」（ヨハネ一〇・二〜四）。

主に呼び出された教会に生きる一人ひとりは単に制度に組み込まれ、パーツになるのではありません。イエス様との関係で、豊かな霊性に育まれたたましいとして成長していきます。

引用したヨハネの福音書一〇章の羊に呼びかける羊飼いの生命的関係は、主の呼びかけに、いのちを養う主の愛が込められていることを表しています。羊飼いは、①「羊の名を呼ぶ」、すなわち、一人ひとりの人格を尊び、そのたましいとの対話を求めて語りかけてくださいます。②羊が「羊飼いの声を聞き分ける」、つまり確かに私の羊飼いの御声だとわかることです。偽牧者の招きや、福音に反する心、恐れ・非難・義務感に駆り立てる律法的な声を区別して、私のために十字架にかかられた主の恵みの御声が聞こえて、この恵みに生かされたいと、祈りが深まっていくのです。③「牧者は先頭に立つ」とは、人生の旅路における羊飼いの導きを意味します。恵み深い牧者である主イエスの呼びかけに導かれる者は幸いです。

働きによるのではなく、恵みによって

「神は私たちを救い、また、聖なる招きをもって召してくださいましたが、それは私たちの働きによるのではなく、ご自分の計画と恵みによるものでした」（九節）。

使徒パウロが宣べ伝えた福音の最も顕著な特徴は、律法の行いによってではなく、主イエスの恵みによって救われるという恩寵主義です。パウロはパリサイ派の伝統の教育を受けて育ち（使徒二二・三、ピリピ三・五）、律法を落度なく行って神に仕える生き方を徹底してい

ました。そして、ナザレのイエスを神の子とする信仰を異端と断じて迫害しましたが、ダマスコ途上で生ける主イエスと光の中で出会い、変えられていきました。目からウロコが落ちるように、新しい価値観で恵みの世界が見えるようになったのです。救いは律法の行いによるのではなく、ただ神の恵みによって、イエス・キリストの十字架によって与えられるのです。

「神の恵みにより、キリスト・イエスによる贖いを通して、価なしに義と認められるからです」(ローマ三・二四)。

「律法によって義と認められようとしているなら、あなたがたはキリストから離れ、恵みから落ちてしまったのです」(ガラテヤ五・四)。

パウロは行いによる救いではなく、恵みによる救いを宣べ伝えたのです。人間の努力や、良き行いで徳を積んで救いを勝ち取るのではなく、「価なしに」、すなわち神の側からの恵みの贈り物として、ギフトとして与えられるのです。

英国で比較宗教会議が開催されたときのことです。様々な宗教の代表者たちが集い、宗教間の対話がなされました。それぞれの信仰の独自性として、そのオリジナリティは何かを語り合うようにという課題が出ました。集まっていたキリスト教の代表者たちが語り合いますが、なかなかまとまりません。そこに、遅れて小説家のC・S・ルイスが到着したそうです。「これは何の騒ぎだい?」　キリスト教の独自性を探していると伝えると、「ああ、それは簡単だ。恵みだよ」と答えたそうです。彼らは少し吟味して、ヒンドゥー教のカルマ、儒教の徳、ユダヤ教の律法、そのほか様々な教えがあるが、どれも人間の努力精進を通して良き生き方を表し、それに即して救済を得るという教えの要素がある。キリスト教だけが、罪ある人間のために、イエス・キリストが代わりに十字架で救いを成し遂げてくださって、私たち人間は恵みの贈物として信仰によって受け取るだけで救われるのが際立った特徴だと一致したのです（フィリップ・ヤンシー『驚くべき恵み』いのちのことば社、四九〜五〇頁）。

9　永遠の昔から今へ

〈Ⅱテモテ一・九〜一〇〉

「この恵みは、キリスト・イエスにおいて、私たちに永遠の昔に与えられ、今、私たちの救い主キリスト・イエスの現れによって明らかにされました。」

永遠の昔

今日の箇所は、前回の続きです。短い言葉に福音のエッセンスを詰め込んで語るパウロ先生の言葉を、主題ごとに学んでいます。「この恵みは」と語り出して、「恵みの福音による救い」を解き明かしていくのですが、パウロ先生は大いなる神様に対する畏怖の念を感じて、両極端な時間感覚で、この救いの大きさを表現していきます。「永遠の昔」と「今」の二つです。まず、一つ目の永遠の昔の意味合いに思いを馳せていきましょう。神様の救いのご計画を思うときに、救いは私たちに永遠の昔に与えられた恵みだと語っています。

「永遠の昔」という表現を聞いて、どれぐらい前のことまでを思うことができるのでしょうか。人生一〇〇年時代と呼ばれる長寿社会になっても、私たち肉なる者は有限な存在です。

この聖書の「永遠の昔」という表現を聞くと、理解が遠く及ばない遥かな時を感じます。遥か以前より神様の救いのドラマが計画されていたことに、畏怖の念を抱くのです。神学では、救いの歴史を「救済史」と呼びます。始まりの神の創造から、堕落した存在を贖い、終末の救いの完成を目指す、神の大いなる救いの歴史の中に生かされるのです。

この大きな救いの歴史の中で、私たち自身も傍観者ではなく、その救いの物語の舞台で体験者として生かされている。驚嘆しつつも、問いが湧き上がります。なぜ、自分が救われたのだろうか。パウロにとっては、なぜ迫害者が主イエスに赦されたのか。どうして自分が選ばれたのか。神のご計画はなんと深いことか。あのダマスコ途上で、迫害しようと街に近づく自分に、復活の主が出会ってくださった恵みの経験を振り返るときに、「なぜ」「どうして」「なんと素晴らしい」と、恵みへの驚嘆が溢れて、賛美となるのです。

「アメイジング・グレイス」という有名な賛美歌があります。奴隷商人で、人を人とも思わない生活をしていたジョン・ニュートン（一七二五～一八〇七年）が、大嵐で船が沈む恐れと戦いながら、神の御名を呼ぶ経験をします。「この罪深い者、赦されるはずのない者、もし助かるならば神の奇跡でしかない。」その小さな祈りをきっかけに、恵みの神に立ち返り、後に牧師になったジョン・ニュートンが作った曲が「アメイジング・グレイス」です。

「Amazing grace（驚くばかりの恵み）how sweet the sound（なんと甘美な響きなのだろう）That saved a wretch like me（私のような溺れていた者が救われたのだ）I once was lost（私

はかつて失われていた）but now am found（しかし、今や〔神に〕見いだされた）Was blind but now I see（見えなかったのに、今、見えるようになった）。」

なぜ私が救われたのかは本当に不思議なことです。もし神様を知らないで過去を問うとするならば、それは恐ろしいことです。日本の仏教の古くからの問いで、「父母未生以前の我」という問いがあります。自分がお母さんのお腹に宿る前に、自己存在はどこにいたのだろう、という問いです。いえ、それ以前、私の父と母がいまだ生まれる以前の私の存在は？　この存在以前の自己存在を問うのが「父母未生以前の我」という問いなのです。もし父と母が出会わなかったならば、自分を妊娠した経緯にだれかの心痛む事柄が含まれていたら、自分という存在はどうなのか？　もし、神様を知らないならば、価値喪失の闇の沼に沈んでいくような感覚をもつ恐ろしい問いです。しかし、創造主であり贖い主である神様を知るならば、お父さんとお母さんのもとに生まれる前から、造り主は私たち一人ひとりを知って、愛のうちに選んでくださっていたと知ることができます。たとい、どんなに罪深さが存在に絡みつくとしても、主イエスの十字架の贖いがあるのです。涙の預言者エレミヤは、神様から使命を託されるときに、このように御言葉をいただきます。

「わたしは、あなたを胎内に形造る前から
あなたを知り、

あなたが母の胎を出る前からあなたを聖別し、国々への預言者と定めていた」（エレミヤ一・四）。

聖書には、自分の誕生以前の私、母の胎に形成される以前から、神が知ってくださり、人生のご計画を主が握ってくださり、人生に使命を下さるという御言葉があるのです。

使徒パウロも、主の恵みの選びによって、創造主の御心の中に、先立って存在する人生の計画を自覚していました。

「しかし、母の胎にあるときから私を選び出し、恵みをもって召してくださった神が、異邦人の間に御子の福音を伝えるため、御子を私のうちに啓示することを良しとされた」（ガラテヤ一・一五〜一六）。

いえ、両親から生まれる以前どころではなく、さらにずっと大きな神の救いのご計画における選びがあることをパウロはこのように証しします。

「すなわち神は、世界の基が据えられる前から、この方にあって私たちを選び、御前に聖なる、傷のない者にしようとされたのです」（エペソ一・四）。

なんと大きなまなざしでしょう。永遠の昔より、不思議なことに私たち信仰者は神の御心のうちに、恵みの選びをもって主に知られていたというのです。

恵みの今

「永遠の昔」という、神様の救いの歴史の深淵さに触れてきましたが、対照的ともいえる「今」を見つめましょう。もう一度引用します。「この恵みは、キリスト・イエスにおいて、私たちに永遠の昔に与えられ、今、私たちの救い主キリスト・イエスの現れによって明らかにされました。」永遠の視野をもちつつ、〝今・ここで〟明らかにされる主の恵みを思うのです。

使徒パウロは「今」という表現をよく用いますが、「かつて」との対比で「今や」という時設定を多用します。「かつて」とは英語で「ビフォー」です。建物のリフォームを紹介する『大改造!! 劇的ビフォーアフター』というテレビ番組があります。プロフェッショナルの建築家が、見違えるように住居を造り直す魅力あふれるビフォーとアフターを提示します。パウロ先生がビフォーと表現するときには、イエス・キリストを知る前の私たちという意味で用います（エペソ二・二～三）。そして、アフターの代わりに「but now（しかし、今や）」と語ります。キリストを知った後、新しい今を生き始める。それは、キリストの福音と出会って新しくされた私たちを表現します（ローマ八・一）。

「しかし、かつては（before）遠く離れていたあなたがたも、今では（but now）キリスト・イエスにあって、キリストの血によって近い者となりました」（エペソ二・一三）。

このキリストとの出会いが、「かつて」と「今」を分けます。私たちが永遠の昔を思う心は、悠久の大いなる存在の神秘性に浸るということではなく、目覚めの時として、「今・ここで」を恵みの時として生かされるように導かれているのです。キリストにあって「今や」は、キリストを知らず霊が死んでいた「かつて」とは異なる「今」を主に感謝して受け取り生きるのです。

先日、病床洗礼を受けたEさんは、昨年の秋口に末期のガンで複数の転移があることを医師に告げられました。診察した医師は、三か月が限界で年を越せないだろうと語りました。次の月にセカンドオピニオンで別の病院で検査を受けると、余命二か月で年は越せないという見立てになりました。

まだ歩けたので、少し散歩をしていると、ふと「神様が私に生きていいんだ」と励ましてくれていると思えたそうです。うつむいて人生のタイムリミットを数える必要はない。生かされた今日を受けとめていこうと思えるようになった。そして、かつて何十年も前に友と通った教会生活を思い起こして、鳩山教会を訪ねて来られました。『教会の信仰の本質は、十字架の罪の赦しと、キリストの復活の希望である』と、若き日に聞きましたが、今それがわかります。」そう告白して、病床洗礼を受けられました。

そして、ある方のアドバイスもあって、「感謝日記」をつけ始めました。今日を感謝する。キリストと出会ったのだから、死では終わらない。絶望に呑み込まれずに、今を生きる証しとして、今日の感謝を一〇個書くと決めて、書き始めた。病床訪問をしたときに、「先生、静かな一日、特別なこともないのに、毎日一〇個の感謝がすぐに見つかります」と言って、ギッシリといっぱい感謝を書き記し続けているノートを見せてくださいました。ああ、ここに永遠の主のご計画によって救われ、新しい今を日々生きる証しがある。十字架と復活と出会ったたましいは、本当に「永遠の今」を生かされるのだと主を崇めました。

10　死を滅ぼしたいのちの福音

〈Ⅱテモテ一・一〇～一二〉

「キリストは死を滅ぼし、福音によっていのちと不滅を明らかに示されたのです。この福音のために、私は宣教者、使徒、また教師として任命されました。そのために、私はこのような苦しみにあっています。しかし、それを恥とは思っていません。なぜなら、私は自分が信じてきた方をよく知っており、また、その方は私がお任せしたものを、かの日まで守ることがおできになると確信しているからです。」

使徒パウロは、若い伝道者テモテに福音を託していきます。今回の聖書箇所では、その福音の特徴として、「死を滅ぼしたいのちの福音」を明らかにしています。今回は人間にとって死とはどのようなものか、そして死の支配を乗り越えさせる主イエス・キリストの福音について見ていきましょう。

恵みによる福音

今回の一〇節の直前に九節に「恵みによる」という表現が二回も登場しています。この恵みによる救いが、今回の死に打ち勝つ福音理解の土台になりますので、もう一度確認しましょう。

「神は私たちを救い、また、聖なる招きをもって召してくださいましたが、それは私たちの働きによるのではなく、ご自分の計画と恵みによるものでした。この恵みは、キリスト・イエスにおいて、私たちに永遠の昔に与えられ」(九節)。

この聖句自体が、恵みによる救いということを丁寧に解き明かしています。第一に、「神の招きによる」ということです。神様の側から、招きの御声をかけてくださったのです。「召す」と訳されているのは「カレオー」という言葉で、声を出して「呼ぶ」という表現です。英語に訳すと「コーリング」になります。呼びかけるとか、電話をするとか、そのように声で関係を呼び寄せる表現です。イエス様がガリラヤ湖のほとりで弟子たちに語りかけて召されたように(マルコ一・一六~二〇)、また、ダマスコの街への途上で「サウロ、サウロ」と呼びかけたように(使徒九・四)、救いは恵みの選びと招きと召しによるのです。

第二に、「私たちの働きによるのではなく」ということです。人間の業で救いを獲得する行為義認ではなく、主イエスが救いを成し遂げて、私たちはその恵みを信仰で受け取るのです。

第三は、「ご自分の計画と恵みによる」ということ、これは神様の救いのご計画の中で導かれて救われたということです。偶然にも見える出会いや出来事が鎖のようにつながって、私たちはイエス様の救いを知るようになります。

先日、ある青年大会で、アメリカ留学で救われたSさんが証しをしました。アメリカ生活で困難があり、ルームメイトがクリスチャンで、バイブルスタディに出るようになり、事件が起き、不思議に助けてくれる人がいて、教会に誘われ、食事をご馳走になり、日本にいるクリスチャンの親戚に励まされ、信仰の決心に向けて祈り支えてくれたキリスト者の友人があった。一連の出来事をたどると、七つも八つも転機がつながり、一〇人近いクリスチャンたちがそれぞれの小さな役割で愛を注ぎ支えて、自分は信仰に導かれた。それは偶然の連続だったと語りました。証しの直後に、メイン講師のメッセージがありましたが、説教者は証しについてこう言いました。「Sさんは本当に神様に愛されていると思います。それは、単なる偶然の連続に見えるかもしれませんが、神様があなたを救うために一〇人も用いてくださいました。不思議な救いのご計画があったと思いませんか。」その言葉が聴衆の心に響きました。「自分もそうだ。私も救われるために、神様の不思議な導きがあった」と皆が感じたのです。

死を滅ぼしたキリスト

生きることと死ぬことについての考え方を死生観といいます。ただ当たりまえに生きている人は、たましいが眠っている人です。人は死を自覚するときに、たましいの目覚めを経験するといわれます。

クリスチャンの医師で、人生を見つめるまなざしを教えてくれた日野原重明先生は、子どもたちに命の授業を行う活動をしていました。小学生に「命」って何ですか、と問うのです。様々な答え方があるでしょう。日野原先生は、命をそれぞれに与えられている時間のことだと教えたり、聴診器を胸にあてて、ドクンドクンという心臓の鼓動を小学生に聞かせて、生きているということを自覚的に受け取る経験をさせたりしました。

死と生を見つめるときに、気づかされることは「死の力は強い」ということです。主イエスの福音は、この死の力との対立関係で描かれます。今回の聖書テキストもその対比が鮮明です。

「キリストは死を滅ぼし、福音によっていのちと不滅を明らかに示されたのです。」

また、死の力と福音の力を対比させている代表的な聖書箇所を紹介します。

「あなたはペテロです。わたしはこの岩の上に、わたしの教会を建てます。よみの門もそれに打ち勝つことはできません」(マタイ一六・一八)。

「イエスはキリストである」とペテロが信仰告白をしたときに、主がそのペテロの信仰告白を土台とする教会建設宣言をされた箇所です。「よみの門」は、「死の力」という意味を含みます。

「すべての敵をその足の下に置くまで、キリストは王として治めることになっているからです。最後の敵として滅ぼされるのは、死です」(Iコリント一五・二五〜二六)。

復活信仰を解き明かすコリント人への手紙第一の一五章のハイライトの表現です。神の恵みの王国は死の支配からの解放を意味していることを、何重ものイメージで語っています。福音は死の力・支配・隷属を乗り越えさせることをパウロは語りますが、死そのものの力を「最後の敵である死」として認識した表現です。人類は死の力と戦い続けていることが表れているように感じます。

世の中には健康ブームがあり、健康を求める様々な工夫は良いことと思いますが、時折、それが歪み過度になることがあります。アンチエイジングという、自然に年を重ねることを否定的に見て、それを逆行するように若返りを目指すのです。そのためのアンチエイジング・ビジネスはとても盛んです。その視点では、老いることと病むことを不幸として、若返ることをハピネスと考えますが、不自然で過度な健康志向に陥る危険性があります。日野原重明先生は、生き生き高齢者モデルのイメージで、長生き健康人の象徴のように見なされることも多いのですが、むしろこの先生は、「生・老・病・死」を適切に受け入れて生きていく姿を教える講演や書籍を出し続けました。人として老いること。みな病を抱えている。そして、人は死に向かう存在です。ホスピスでの霊的ケアを始める前の自分は、西洋医学の価値観でひたすら長く生きるように全力を尽くしていた。死から逃げ続ける働きだけれども、結局、人は皆いつか死を迎えるので、西洋医学の価値観だけだと医師は皆、死に対して敗北者ということになってしまう。そこから転換して、人としての「生・老・病・死」を見つめ、霊的ケアに取り組むようになったと、日野原先生は話されています。

死の力と復活の福音

私は一〇年ほど前から、神学校でイエス様の人生を物語る「福音書」の授業を担当するようになりました。若い神学生の基礎となる学びとしてプログラムを組んでから、先輩の牧師たちに質問して回りました。「自分が神学生だったときに、福音書の授業で聞きたかったことは何ですか」と。すると、同じ答えが多く返ってきました。それは、復活信仰をわかるように授業をしてほしいという答えでした。主イエスの十字架と復活は、福音理解の中核であり、イエス様が死を打ち破って復活されたこと、そして、イエス様を信じる者は主の復活のいのちに生かされるということは、クリスチャンにとってとても基礎的なことである、と多くの人が同意するでしょう。

しかし、何人かのベテラン牧師が、「牧師になってから何年も、復活ということが腹の底からわかったと言えない……そういう自分がいた」というのです。これは、求道者が「復活がわからない、科学的に証明できないし」と、入信時に抱く疑問とは別の次元での感覚です。毎年イースター礼拝で説教をして、召天者記念礼拝で復活の希望を語り続ける牧師が、牧師仲間どうしの本音トークとして、復活信仰を腹の底から信じるまでに時間がかかったと秘めた感覚を吐露している言葉でした。非常に興味深く感じ、自分が担当する授業では、丁寧に復活信仰を考え、生徒たちと語り合うことにしました。

別の先輩牧師のM先生はとても興味深い表現を用いました。「死の力を信じる自分がいる」というのです。教理の理解として復活信仰を信じ告白している私たちが、肉なる存在の実感として、「肉体の生命活動を終えてしまったら」と思うと、怖さがあるというのです。『結局死んだらおしまいだ』、『最後は死が勝つ』という肉体存在の自分がある。四つの福音書にはそれぞれ、復活の主の現れの場面で、弟子たちがなお信じられない揺らぎを通りつつ信じていく描写があるが、そのように記録されているのも、そこに通じるのではないか」と語られました（マタイ二八・一七、マルコ一六・一一、一三、ルカ二四・三八、ヨハネ二〇・二四〜二五）。「肉なる私たちは骨の髄まで死の勝利を実感している。」M先生は続けて語ります。「だから自然に復活を信じられるのではなくて、異質さを自覚しつつ、キリストの復活の力を信じるのだと思う。異化作用を通り、疑いをまるごと包みながら、主にあるいのちを信じていく。死は確かに強い、しかし最強ではない。主イエスが死に勝利してよみがえられたのだから。」このM先生は、難病を経験して大腸を全摘するような大手術を乗り越えた方でしたので、肉体的リアリティとして語る言葉に説得力を感じました。

説教者の証し

今回は、テモテへの手紙第二の「キリストは死を滅ぼし」（一〇節）という表現から主題説教として語っていますが、私自身の入信の証しと重なる大切なテーマと感じます。私は高校生の時に、突然友人の死と向き合いました。友人の一人がバイク事故に遭い、突然命を失いました。十六歳の葬儀の悲痛さを忘れることができません。親族、特に母親の嗚咽のような悲しみの声、むせび泣く友人たち。こんなにも死が人々を悲しみに閉じ込めるのかと実感しました。

死の自覚が生への自覚を呼び覚まします。私自身もバイクに乗りつつ、死と紙一重だと感じながら移動する日々でした。若者は言語化する力の乏しさのため、悩んでいることを言葉で表現できないので、心の内に巨大な負のエネルギーとなって蓄積します。自分には死の備えがない、また、生きる意味がわからない。そして、友人たちと楽しく過ごしながら、突然、白黒の世界に引きずり込まれるような感覚をもち、なんと空しいのかと、虚無的意味喪失感に呑み込まれていました。死が支配する世界観の外側が見えず、「空しい、空しい、それでも生きる意味があるのか？」と、灰色の世界に引き込まれていました。

そのころに、毎年、教会の青年集会で会うクリスチャンの友人についての祈禱課題が、同じ教区の教会に祈禱課題が回ってきました。通学中に、曲がって来た自動車に、乗っていた自転車の前輪が巻き込まれ、ちょうどそこにあった大きな石に頭を強く打ちつけてしまったというのです。意識を失ったまま、ずっとベッドに寝ている状態で、家族が看病し、賛美と祈りで包みながら回復を待ちましたが、ついに一か月後、意識を取り戻すことなく息を引き取ったのです。

私は雨が降る中、バイクで葬儀場へ向かい、ずぶ濡れのコートの水を手で払って、会場に入ったのを覚えています。そこで、クリスチャンの死は何かが違うと実感しました。プログラムが進んでいき、牧師が丁寧に特別プログラムを紹介しました。「普通はしませんが、ご家族の希望で賛美歌を特別賛美として歌います。」そして、お父さん、お母さん、二人のお姉さん、弟さんが並んで、思い出のいっぱい詰まった愛唱賛美歌を歌う姿に、私は衝撃を受けたのです。先述した友人のバイク事故の時と全く違って、その場は慰めに満ちていました。

「クリスチャンの死は何かが違う、光が差している。」死が最後の支配者ではなく、別の何かに包まれていたことを感じたのです。

しばらく時が経ち、心の本、信仰の本を読みながらも、渇いた心で過ごしていました。ある賛美集会に行ったときです。不思議な経験をしました。賛美が長く続き、聖書の言葉と祈り、そしてまた賛美が続くなかで、ふと直観が湧いてきたのです。「あっ、神はいる。ここに、この賛美の中に、神様がおられる。」これまで、死んだら終わり、だとしら結局空しいと苦悩してきた私の心に溜まった負のエネルギーが、堤防が壊れるように決壊して、涙をしばらく止められませんでした。ひとり言のように「見つけた、見つけた、やっと見つけた、神はいる」と口にする自分の姿がありました。そのとき、新改訳第三版の詩篇二二篇三節が心にふっと想い起こされました。「あなたは聖であられ、／イスラエルの賛美を住まいとしておられます。」天の神様は、神の民の賛美を喜び、そこを住まいとされるのです。

そのとき何かが変わりました。何が具体的に変わったのか。変わっていない部分も多い(私のいたらなさも、心の揺れ動きも)。しかし、確かに何かが変わった。造り主がリアルにおられる。愛なるイエス様がおられる。生きる意味がわからず、死が怖かった私ですが、「神様に生かされていることがわかった」。すると、意味喪失のグレーの世界が、カラーの世界に変わったのです。小さなことにも感謝を見つけられる人生になりました。死の支配から解き放たれたのです。

一〇節で宣言されている言葉、「キリストは死を滅ぼし、福音によっていのちと不滅を明らかに示されたのです」、この言葉は真実です。死は確かに力をもっている。しかし、死は最強ではない。なぜならば、主イエスは十字架で死に、三日目に復活され、死に勝利された救い主だからです。

滅ぼされた死の支配

「キリストは死を滅ぼし」（一〇節）。ここで用いられる「滅ぼす」という言葉は、英語では「アボリッシュ」(abolish) という訳語があてられます。これは特殊な表現です。「滅ぼす」というと、敵に勝利したり、処理してなくしたりする意味が強いのですが、「アボリッシュ」という言葉でキリスト教史において思い浮かぶのは「奴隷制度廃止論」の「アボリッシュニズム」です。ある制度を廃止すること、人間を所有物とする奴隷制度自体を撤廃するときに「アボリッシュ」を用いるのです。

アメリカ合衆国で奴隷制度が撤廃されたのは、リンカーン大統領の時代に南北戦争の時期に出された奴隷解放宣言（一八六二～六三年）の時です。奴隷解放日は記念日として覚えられているようですが、神学者スタンリー・ハワーワス氏は、テキサス州にはもう一つ奴隷解放記念日があることを話していました。正式に解放令が発布されてから、テキサス州までそのニュースが届くのにかなりの年月を要したために、テキサスで奴隷解放が実現したのがその日です。この日を記念日として喜ぶということです（一八六五年六月十九日）。このような撤廃宣言と解放達成の時期の時差について、私たちの信仰生活における「すでに」と「いまだ」の緊張関係としてハワーワスは説明しました。

主イエスは約二〇〇〇年前に死を打ち破り復活して、死の支配と隷属状態を廃棄してくださいました。しかし、肉なる私たちは、時折、死に怯えることがあるのも現状です。だからといって、復活が無意味なのではありません。その恵みが全く実現するには時差があるのです。終末における完成を目指しつつ、主の復活の福音が死の支配から私たちを解き放ったことを覚えましょう。

11　委ねられた福音

〈Ⅱテモテ一・一二〜一四〉

「そのために、私はこのような苦しみにあっています。しかし、それを恥とは思っていません。なぜなら、私は自分が信じてきた方をよく知っており、また、その方は私がお任せしたものを、かの日まで守ることがおできになると確信しているからです。あなたは、キリスト・イエスにある信仰と愛のうちに、私から聞いた健全なことばを手本にしなさい。自分に委ねられた良いものを、私たちのうちに宿る聖霊によって守りなさい。」

今回の聖書箇所には、使徒パウロが若き伝道者テモテへ、心を込めて語りながら使命を託していく言葉が綴られています。今、連続講解説教を行っていますが、年始めに開始して、春を迎えつつあります。つぼみが膨らみ始めたかと思うと、もう春の花が咲き出しました。自然界も新しい息吹に満ちています。また、今週、私は、加入したばかりの新任牧師のための研修会を行い、また神学校では入試がありました。これから主の召命に応答して新しい一歩を進む方々のフレッシュな志と、不安混じりの船出をサポートする働きの中で、テモテへのパウロのまなざしはこのようなものだったのではないかと思わされています。
テモテは、エーゲ海を挟んで海の向こう側のエペソの街でパウロの働きを継承しています。パウロはローマで起きた迫害のゆえに捕らえられています。そのテモテに手紙を送り、育み続けるパウロの姿がここにあります。

何と結ばれているか

ここまでの手紙の内容を少したどりましょう。パウロはテモテに、使命感の土台として救いの原点に立ち返るように促しています。神の恵みによって十字架と復活の福音を知り、救われたということを深く認識する。あなたは信仰者である母と祖母の祈りのうちに育まれ（五節）、あなたの内側には聖霊の賜物が与えられている。それは力と愛と慎みの霊である（六～七節）。このように、どんなに豊かな信仰の恵みをいただいているかを思い起こしなさい、と励まします。それからパウロは、自分は鎖につながれているが、それを恥とは思わないと語ります。この苦難は福音によるものだからです。鎖は体を捕らえることができても、福音を縛ることはできず（二・九）、主イエスの福音は解き放たれています。むしろ、自分はキリストの愛に捕らえられている（ローマ八・三五～三七）とパウロは証ししています。

「だれが、私たちをキリストの愛から引き離すのですか。苦難ですか、苦悩ですか、迫害ですか、飢えですか、裸ですか、危険ですか、剣ですか……私はこう確信しています。死も、いのちも、御使いたちも、支配者たちも、今あるものも、後に来るものも、力あるものも、高いところにあるものも、深いところにあるものも、そのほかのどんな被造物も、私たちの主キリスト・イエスにある神の愛から、私たちを引き離すことはできません」（ローマ八・三五、三八～三九）。

私は鎖を恥とはしない。むしろ誇りである。この鎖を福音の証しとする。それはキリストの愛に捕らえられている私が福音のゆえに受けている迫害であり、この苦難もキリストの愛から私を引き離すことは決してできないと語ろうとしているのです。九節と一〇節は、「十字架の恵みと、死を無力にした復活をあなたは知っているね」と、福音理解を呼び起こしながら伝えています。今日はその後の箇所です。

委ねられたもの

前回は「死を滅ぼした復活の福音」という主題でメッセージを語りましたが、そこで私自身の救いの証しをお分かちしました。友人たちの事故死と向き合い、悲痛に満ちた告別式と、キリストを知る者の葬りとで、決定的に違う慰めと希望を感じたこと。生きる意味喪失状態であった自分は死の支配のもとにある者だったのに、キリストと出会い、主の十字架と復活の福音を知ることで、生きる目的と喜びと感謝を見いだせるようになったことを思い出しながら証しを語りました。主の尊い福音が確かに私に委ねられていると実感します。

パウロは福音の本質を次世代信仰者のテモテに語り、手渡していくときに、「福音を委ねる」という表現を繰り返し用いています。「私は自分が信じてきた方をよく知っており、また、その方は私がお任せしたものを、かの日まで守ることがおできになると確信しているからです」（一二節）。また、「自分に委ねられた良いものを、私たちのうちに宿る聖霊によって守りなさい」（一四節）と。この尊い福音を知っている、経験しているけれども、これは委ねられたのである。委ねてくださった方がいて、そのお方から尊いものをお預かりしている。だから、私はそれを次の世代に手渡していく。そして、若きテモテよ、あなたにもそれが託されているのだよ、と語るのです。

皆さんは、人生を振り返ってみて、何か大切なものを託された経験はあるでしょうか。大切な何かが預けられた経験です。先日、私は川越のぞみ教会のKさんと、恩師の千代崎秀雄先生の多くの著作をデータ化して後世に保存していけたら良いと語り合いました。皆さんがご存じのように、千代崎秀雄先生は日本の福音派を代表する文筆家と言っても過言ではなく、多くの聖書注解書、信仰書、歴史資料などの出版で用いられ、さらにはわかりやすくキリスト教を世の中に紹介する知識人として、一般の出版社からも何冊も出しておられました。Kさんが作成した千代崎先生の文書目録が非常に丁寧で内容の豊富さに驚きました。

週の半ばにKさんが鳩山教会を訪問し、大事なものを預けたいと言って、古い本を丁寧に扱いながら取り出しました。それは、千代崎先生が川越のぞみ教会から新宿の東京中央教会へ転任するときにKさんに預けた資料の詰まった段ボール、いわば執筆家・千代崎秀雄の遺品でした。その中に、日本ホーリネス教団の戦後の創設者の車田秋次牧師の日記がありました。帯の紙という丈夫な再利用の紙に肉筆で書かれており、それをご本人が大事な記録として製本しておられます。しかも一九四八〜四九年の教団設立時の日記ですから、日本ホーリネス教団にとってはきわめて重要な歴史の第一次資料であるというのです。この日記は、千代崎先生が『車田秋次全集』を編纂していたころに、ご家族から託された日記で、松原頼子先生（車田秋次先生の娘さん）に解読を手伝ってもらって、全集に収載した資料です。一番大事な創立時の日記の原本を、Kさんが保管し続けてきたのです。

「宮﨑牧師に託します。」そう言って、その日記原本の創設前後の言葉を開いて、書き残されている車田先生の心境を読み上げていきました。「歴史は動く」という出来事に触れるような経験です。Kさんの説明に聞き入り、感銘を受けつつ引き込まれました。「私は今、取り組んでいる歴史神学のレポートで引用させていただいてから、教団の歴史資料部門にお届けします」と約束してお預かりしました。私はズシっと歴史の重みを感じました。なんというものを手渡されたのだろう、と。妻に、「白い手袋をして読むものじゃないの？」と助言を受けます。最上級の丁寧さで扱い、後の時代に残していく重みのあるものを託されたと思うのです。

パウロから、福音を委ねられたテモテの心境は、おそらくこのようなものだったでしょう。パウロが託す福音は、パウロも委ねられた尊いものです。大迫害で信仰者の生命がもぎ取られていくような時代にあっても、パウロは次世代に尊い主イエスの福音を委ねていくのです。

「委ねる」と訳されている言葉は「パラセーケー」という言葉です。「パラ」は「隣に」の意味、「セーケー」の部分は頻繁に登場する「ティセミー」からの派生で「置く」という言葉です。ですから「隣に置く」という言葉で、次の世代に「委ねる」という用いられ方をしています。日本語の「委ねる」は、もったいぶった表現で、伝統継承の特殊用語をも感じさせる訳語ですが、「パラセーケー」はシンプルに「隣に置いて」手渡していくという意味合いの強い言葉です。

二重の送り手からテモテは受け取ります。この「委ねる」という出来事には、二つの信頼する相手があるのです。一人は自分に語り聞かせる先生の言葉です。「私から聞いた健全なことばを手本にしなさい」(一三節)。また、福音の主イエスを信頼する姿勢です。「私は自分が信じてきた方をよく知っており、また、その方は私がお任せしたものを、かの日まで守ることがおできになると確信しているからです」(一二節)。一二節の「お任せした」は原語では先ほどの「委ねる」と同じ「パラセーケー」です。そのお方とはイエス様のことですが、そのお方をパウロは「なぜなら、私は自分が信じてきた方をよく知っており」と語り、信仰の対象として、また信頼相手として拠り頼んでいることを表現しています。

私の恩師の松木祐三牧師は神学生にこう語りました。「神学生の皆さん、伝道するときに皆さんが聖書を擁護しなくてもよいのです。なぜなら、聖書のほうがあなたを守ってくれるのですから。」たとえ厳しい質問を受けて、答えられず慌ててしまう状況でも、大きな安心をもって信者でない方々に向き合ってください。そして、深い信頼を届けてください。聖書が私たちを守ってくれます、と。

健全な言葉

「あなたは、キリスト・イエスにある信仰と愛のうちに、私から聞いた健全なことばを手本にしなさい。」この「健全」という表現は、この説教シリーズで繰り返し着目するテモテへの手紙第二のキーワードです。「健全」は「ヒュギエース」という言葉で、欠けが補われた「全体性/包括性」(英語の whole) を意味します。丸い型で焼かれた欠けのないまるごとの「ホールケーキ」をイメージしたらよいでしょう。このイメージが「ヒュギエース」です。「ホールケーキ」を食べるためには切り分けるわけですが、それは「ピースケーキ」です。ピースが切り取られたときに残るのは、欠けのあるケーキです。

私たちは、欠けある人間です。罪ゆえに壊れた人間、本来の人間性である神の像を損なった存在、たましいの中心に神様との交わりが断絶してしまった、たましいの病を抱える人間。

これが断片的な人間性で、とても不健康な状況です。主イエスの贖いによって罪を赦され、神様とのたましいの関係の回復、神の像の回復を通して、全体的人間性（全人性〔whole person〕）を回復していくことを意味する言葉が「ヒュギエース」といえるでしょう。この言葉は「健康」とも訳せます。不健全な部分を切り取ったり、修正したりして「健全」に転じるのではなく、本当の人間性の回復は福音によって癒され健康になっていく必要があるのです。ジョン・ウェスレーは「神の像の回復／癒し」を教え、これは治癒的救済論（Therapeutic Salvation）と呼ばれます。

異端の教えなどの「不健全な教え」から守られる必要があり、また、福音全体によって全人回復に向かうために「健全な教え」に生かされる必要があります。

「健全なことばを手本にしなさい。」 健全な福音理解を伝えて、それに生かされているパウロ先生の姿を模範として、手本として生きることを勧めています。「手本」というのはとても適切な翻訳で、「ヒュポテュポス」という言葉です。「テュポス」は「タイプ（Type）」の語源で、「ヒュポ」は「下に」という表現です。パウロはこの言葉をよく用いています。はじめて習字を習うとき、手本を半紙の下に敷いて、なぞりながら書道を習得することをしますが、手本をなぞり学び取ることが、「ヒュポテュポス」のイメージです。パウロがどのように健全な福音の言葉を語り、健康な信仰生活を生きたかを見て、それをなぞるようにして私たちは学び取っていくのです。

「『キリスト・イエスは罪人を救うために世に来られた』ということばは真実であり、そのまま受け入れるに値するものです。私はその罪人のかしらです。しかし、私はあわれみを受けました。それは、キリスト・イエスがこの上ない寛容をまず私に示し、私を、ご自分を信じて永遠のいのちを得ることになる人々の先例にするためでした」（Ⅰテモテ一・一五〜一六）。

これはテモテに宛てて書かれた第一の手紙に記されていることですが、ここにある「先例」が「ヒュポテュポス」という言葉です。失敗のない立派な模範ではなく、罪人であった者がキリストの恵みに生かされている手本として、自分を提示しています。罪ある人間が主の恵みに生かされることが、霊的に健康な姿なのです。

委ねてくださった方を知っている

使徒パウロは、主イエスの福音自体に深い信頼を寄せています。「なぜなら、私は自分が信じてきた方をよく知っており、また、その方は私がお任せしたものを、かの日まで守ることがおできになると確信しているからです。」自分が信じてきた方、すなわち救い主イエス・キリストを知っているのだ、ということです。さらに「かの日まで守ることがおできになる」とは、世の終わりまで、救いの完成の日まで守ってくださるとの告白です。

そのときの表現が、この信頼すべき福音と、主イエスを自分は「知っている」というゆだねきった確信です。英語で「I KNOW!!（私は知っている）」と強調して語る説教があります。私は知っている。あの「お方」イエス・キリストを知っている。そのお方が、私に尊い福音を委ねてくださったのだ。

ある日本人の伝道者が、北米のカリフォルニアでの聖会で講師となりました。日本での主日礼拝の働きを終えて若干の疲れを感じながら飛行機に乗り、アメリカに到着すると、時差の都合でまた日曜日で、またすぐに説教するという強行スケジュールでした。日系の方々や、留学生、仕事で駐在している方々が数百人も期待して集まる大切な集会です。

その伝道者は黙想しようと公園に散歩に出ました。そこで会った男性が、「あなたは日本人クリスチャンですか？」と話しかけてきました。説教準備で聖書を脇に抱えていたので、そう思われたのか。「はい、牧師で、もうすぐ説教をします。」そう言うと、アメリカ人紳士も「自分は牧師だ」と紹介します。あちらは犬を連れて散歩しているようです。たどたどしい英語で一生懸命語ります。日本での礼拝説教を終えて、すぐにアメリカに来て、また説教をする忙しさ。日本の伝道の難しさ。その中で日本宣教のために奮闘していること……。いかに自分たちが報われないのに忙しく献身的に奉仕しているかを語っていると、アメリカ人牧師は「Do you know Jesus?」と言ってきました。英語が上手でなくても、それぐらいはわかります。「イエス様を知っていますか？」牧師ですから、イエス様を知っているに決まっていますよ。失礼な質問に感じました。なぜ、「Do you know Jesus?」と聞くのかと思いました。その瞬間、思い出しました。「ノウ（know）」と聞くのと「ノウ・オブ（know of）」と聞くのとでは意味が少し違って、イエス様に「ついて」情報を知っている場合は「オブ（of）」が付く。イエス様はもちろん知っている。しかし、それが情報としてだけではなく、「Do you know Jesus?」と言うと、イエス様を人格的に個人的に親しく知っていますかという問いかけになる。アメリカ人牧師にはなにげない一言だったかもしれませんが、その日本人牧師は主からの深い促しとして心の中で受けとめ直していきました。聖日からゆとりをもって犬の散歩をするアメリカ人牧師に向かって熱心さを自慢し、神の恵みを語るために来たのに平安がない自分。私はイエス様を人々に紹介しようとしているが、主イエスとの個人的な交わりを保てていただろうか。そうだ、立ち返らなくてはならない。本当の意味でイエス様を知っているという恵みに。この伝道者は、「ああ今、私のたましいに必要な語りかけを、この方を通して神様が与えてくださった」と、たましいへの語りかけとして受けとめました。一番大切なこと、「Do you know Jesus?（イエス様を知っていますか）」と。

使徒パウロは、テモテに向かって深い信頼を込めて語っています。「なぜなら、私は自分が信じてきた方をよく知っており、また、その方は私がお任せしたものを、かの日まで守ることがおできになると確信しているからです。」福音を委ねてくださったお方を知っている。

「I know Jesus!」　私は知っている。私自身が信じているお方を知っている。このお方が、最後の日まで守ってくださることを知っている。「かの日まで守ることがおできになると確信しているからです。」

12　パウロを励ました人・オネシポロ

〈Ⅱテモテ一・一五〜一八〉

「あなたが知っているとおり、アジアにいる人たちはみな、私から離れて行きました。その中にはフィゲロとヘルモゲネがいます。オネシポロの家族を主があわれんでくださるように。彼はたびたび私を元気づけ、私が鎖につながれていることを恥と思わず、ローマに着いたとき、熱心に私を捜して見つけ出してくれました。かの日には主が、ご自分のあわれみをオネシポロに示してくださいますように。エペソで彼がどれほど多くの奉仕をしてくれたかは、あなた自身が一番よく知っています。」

ローマの牢獄にいるパウロは、悲しい別れと励ましの再会を経験していました。ここでパウロは実名をあげて、テモテにローマでの状況を分かち合います。そこでの出来事について、エペソにいるテモテがおそらく状況の一部分をすでに把握していたからでしょう。ローマの地でパウロが通った悲しみと励ましの経験は、アジアとその中心地のエペソの街出身の人々との関わりで起きたことだったからです。

パウロの宣教旅行の拠点はエペソの街でした。使徒の働き一八章一九～二一節では、ギリシア地方からエルサレムへ船を乗り継いで向かう途中で、パウロはエペソに立ち寄り、初めの宣教活動を行います。再びこの街に戻ってからは、パウロの第三回伝道旅行の拠点に用いられて、二年間も腰を据えてこの地で教会を建て上げていきます（同一九・一〇）。エーゲ海を挟んで、コリント教会の問題と向き合ったのも、おもにこの街でした。有名な告別説教が語られた相手も、エペソの教会の長老たちでした（同二〇・一七）。このように深い関わりのあるエペソの教会の牧会を引き継いだのがテモテだったのです。そして、エペソは商業都市ですから、交易のためローマへ赴くときに、教会員もパウロ先生を訪ねて交流を続けていたようです。

一五節の「アジアにいる人たち」という表現や、一八節の「エペソで」という地理描写に、ローマにいるパウロとエペソの教会の人々との交わりが続いていることが表れています。「アジア」と呼ばれる地方は、現在のユーラシア大陸のアジア圏のことではなく、古代ローマ帝国の時代には現在のトルコがその名で呼ばれ、その中心地がエペソでした。ですから、新約聖書で「アジア」と記されるときは、エペソを中心とする小アジア地域を意味します。そのようなエペソ教会の人々との交流の中で、関係に傷みが起きることもあれば、励まされることもあったのです。

離れて行った人々

「あなたが知っているとおり、アジアにいる人たちはみな、私から離れて行きました。その中にはフィゲロとヘルモゲネがいます。」フィゲロとヘルモゲネという名前の人物について、聖書はほとんど情報を提示しません。推測として、港のある商業都市エペソから帝国の中心地ローマへの貿易に関わる仕事をしていたのではないかと言われます。その仕事が、エペソに拠点を置きながら、ローマにいるパウロと交流を続けている状況を説明するのにとても自然だからです。しかも、名前のあげられる二人だけでなく「アジアにいる人たちはみな」と、一定数のグループがいることが読み取れます。単に数か月おきに船で到着する一団というだけでなく、すでにローマの街に拠点を設けて営業支店としての機能をも備え、複数拠点で商業をして定着していたかもしれません。もしそうなら、おそらくパウロとともにローマ教会の交わりにも加わっていたでしょう。そうであれば、パウロの宣教の拠点だったエペソ教会の人たちが近くにいることが、どれほど心強かったでしょうか。

ところが「私から離れて行きました」と悲しみを込めて語られます。「離れる」と訳されている言葉は「アポストレフォー」という語で「アポ」の部分は「〜から（from）」で、「ストレフォー」は「振り返る（turn）」の意味です。ですから、パウロのもとから振り返って、立ち去って行ったという、何らかの拒絶の意味合いが含まれている表現です。二つの側面が考えられ、一つは福音理解によって起きた神学的な反発の可能性があり、もう一つは迫害によって身の危険を感じ、パウロとの交流を断ってしまったという社会的な理由です。
一つ目の教理的な反発については、この手紙にも他の書簡と同じように、教会が異端的な教えにさらされていたことが読み取れます。そしてパウロは、歪んだ福音理解から回復するようにと警告とともに諭しています。

「何の益にもならず、聞いている人々を滅ぼすことになる、ことばについての論争などをしないように、神の御前で厳かに命じなさい」（二・一四）。
「いつも学んでいるのに、いつになっても真理を知ることができません。たぶらかしている者たちは、ヤンネとヤンブレがモーセに逆らったように、真理に逆らっており、知性の腐った、信仰の失格者です」（三・七〜八）。

これらの異端の内容については、後の節を扱うときにテキストから読み取っていきますが、このような状況にあって、パウロは繰り返し「健全な福音理解」について語り続け、立ち返るように導いています。今回の聖書テキストの直前にもこうあります。「あなたは、キリスト・イエスにある信仰と愛のうちに、私から聞いた健全なことばを手本にしなさい。自分に委ねられた良いものを、私たちのうちに宿る聖霊によって守りなさい」（一・一三〜一四）。ですから、その直後にある「離れる」は、パウロが手渡す「健全な福音」から離れる人々がいたことを背景にしていると考えられるのです。

あるいは、もう一つの、迫害を背景とする社会的意味合いで交流が断たれる可能性ですが、ローマ帝国が突発的に行ってきた迫害の中で、皇帝ネロによる大迫害は炎のような最も厳しいものでした。それ以前には、皇帝クラウディウスによるユダヤ人追放令（紀元四九年）というものがあります（使徒一八・二）。生活の基盤が失われるので追放も大きな試練ですが、クラウディウスの追放令は生命を奪うことまではしませんでした。クラウディウス帝の死によって皇帝に即位（紀元五四年）したネロはこのユダヤ人追放令を撤廃します。束の間の平穏の後に、今度はネロがいまだかつてない大迫害を展開し、パウロはキリスト者の指導者として捕縛されたのです。貿易商である彼らがこの危機に際して、パウロとの交流を断ってしまったというのが、「あなたが知っているとおり、アジアにいる人たちはみな、私から離れて行きました。その中にはフィゲロとヘルモゲネがいます」という言葉に表されているのでしょう。アジアの人々みんなという表現だけでなく、二人の実名も記されていることから、あの熱心だった二人でさえも、とパウロの驚きが混ざった悲しみが読み取れます。

パウロは、自分のもとから去った者を非難しているのでしょうか。アジア地域のエペソの信仰者の姿を悲しみつつも、この手紙を読むときに鍵となるのは、この手紙の受け取り手が、アジア地域の中心地エペソで牧会するテモテに届けられているということです。離れ去った人々は課題があるとしても、帰郷したときにはエペソ教会に戻る者が多かったのではないでしょうか。パウロが送った手紙には、「テモテよ、彼らの弱さも、彼らの行いもあなたに伝える。訓戒されるべき要素があるのだが、どうかその地で彼らの信仰を健全な福音で導いてほしい」と、離れ去るたましいを託している姿がにじみ出ているように感じます。

さらに、この一五節から一八節の段落の最初と最後の箇所に、パウロが若き牧会者テモテの理解の深さを信頼している表現があります。一五節の「アジアにいる人たちはみな」という表現の前に「あなたが知っているとおり」と添えてあります。そして、この段落の締め括り部分では「あなた自身が一番よく知っています」（一八節）と牧会的な理解力に富んでいたテモテを認めている。段落の最初と最後に、「あなたは知っている」とあり、文学研究では囲い込み用法と言われ、段落のテーマを描き出す表現方法となります。一五節の「知る」は「オイダ」という言葉で、理解を伴う知覚を指し、一八節にある「知る」は「ギノースコー」で、経験的、人格的に認識するという意味の言葉です。牧会者が信徒のたましいをケアするために必要な洞察を示す表現です。パウロは、テモテが彼らのことを気遣い、深く理解していることを分かっている、だからこそ託しているのではないでしょうか。

パウロを捜し出したオネシポロ

続いてパウロはこう語ります。「オネシポロの家族を主があわれんでくださるように。」このオネシポロと似た名前で、オネシモという人物がいますが、二人は別人です（ピレモン一〇節)。オネシポロの名前には「利益」という意味があるようです。ですから、日本の「利」の字を使う「利彦さん」や「利昭さん」という名前に通じます。

彼はなんと、牢獄に捕らわれているパウロを訪ねて行ったのです。「彼はたびたび私を元気づけ、私が鎖につながれていることを恥と思わず、ローマに着いたとき、熱心に私を捜して見つけ出してくれました。」勇気と実行力のある人物です。迫害によって捕らえられた人を訪問する。困難はある、大きなリスクもある、でも私はだれか必要な人のところに届いていくのだという生き方をする人です。訪問したい、面会したい、祈り合いたいと訪ねて行くのです。

少し推測も含めて物語ってみたいと思います。オネシポロは、パウロ先生に会うためだけにローマに来たのではなく、商売の仕入れも兼ねての旅であったが、パウロ先生にお会いしたいという湧き立つ思いがあった。しばらく前に大火事が起きて、まだ少し焦げ臭さが残るいわゆる被災地のローマで知り合いの安否を尋ねて回る。しかし、悪い噂として、キリスト教信者が捕らえられているらしいと聞く。パウロ先生を訪ねて回るけれども、「分からないなあ」という返事。ある家の教会でも、パウロ先生の行方は分からず、めっきり見ない。もしかしたら捕らえられたのかもしれないと言う。さらに調べて回ると、ある人がキョロキョロと周囲を確認して小声で教えてくれた。「パウロ先生は捕らえられて、どこかの牢獄にいるようだが、監獄はいくつもあって、危険で捜すことも難しい。」オネシポロは自分が捜すと言うが、皆が止める。危ないからやめなさい。しかし、オネシポロはじっと待っていられずに、飛び出して行った。彼は実際にパウロを「見つけ出して」会うことができた。「私が鎖につながれていることを恥と思わず、ローマに着いたとき、熱心に私を捜して見つけ出してくれました」（一六節）。関係者であることをさらして、牢獄に来るとは非常に危険なことですが、それがパウロにとってどれほど大きな励ましになったことでしょう。そして、捕われ人のニーズに応えて、支援したのです。主にあって訪問して、だれかを励ます姿です。

二〇一一年の東日本大震災のとき、私たちの団体も手探りで復興支援の働きに取り組みました。当時の教団の責任者の声掛けで、福島県いわき市の教会とのコネクションができて、届けられた支援物資を一〇台以上の自動車で運びました。皆ボランティア保険に入り、集められた物資をお届けする。後ほど、お礼の言葉が届いたとき、このように言われたそうです。届けられた物資も、津波で使えなくなった車の代わりにバンの献品があったことも助けられたが、なによりも原発事故のリスクが噂されていた時期だったのに、私たちのところまで来てくださったことが本当に大きな励ましで、支えられている、祈られていることを感じて、ありがたく思った。現場は桜が美しく咲く街並みでした。しかし、恐れでトラックが立ち寄らない時期に、深い痛みを抱えていた人々にとって、自分のところに来てくれたことが大きな励ましとなったというのです。

元気づける奉仕

突破力のある訪問者オネシポロの姿を、パウロはこう語ります。「彼はたびたび私を元気づけ」(一六節)と。元気を意味する言葉はいくつもあり、明るさ、快活さ、健康的など、元気にはいろいろな側面がありますが、ここでの「元気づける」は「アナプシュコー」という表現が用いられています。「プシュコー」はたましいや息を意味する「プシュケー」の兄弟の言葉で、接頭辞の「アナ」は「再び(again)」の意味ですから、「アナプシュコー」は「再び息をする」とか、「繰り返したましいがリフレッシュする」という意味の表現です。パウロは繰り返し内なる人が息吹を回復し、オネシポロに元気づけられたというのです。こんな危ない牢獄まで自分を訪ねてくれたのかと思うパウロ、励まされている彼の様子が溢れ出ています。

鎖を恥としない

このように、牢獄まで訪ねてくれたオネシポロは、鎖につながれていることを恥としなかった、とパウロは語ります。迫害を受けること、そして鎖につながれることを恥とする者があることを実感していたからでしょう。おそらく、フィゲロとヘルモゲネのようなアジアからの者たちは、信仰のゆえに迫害を受けることを愚かなことと考えていると感じたのかもしれません。しかし、鎖につながれていることを恥としないオネシポロは、主にある苦難を誇りとする奉仕者でした。

パウロはたびたび迫害で鎖につながれています。しかし、鎖の束縛の中で、解き放たれた福音を語りだします。

「私はこの福音のために、鎖につながれながらも使節の務めを果たしています。宣べ伝える際、語るべきことを大胆に語れるように、祈ってください」（エペソ六・二〇）。

また、このテモテへの手紙第二でも、鎖に捕らわれながらもますます解き放たれて語ります。

「この福音のために私は苦しみを受け、犯罪者のようにつながれています。しかし、神のことばはつながれていません」（Ⅱテモテ二・九）。

家族への配慮

オネシポロの勇敢なサポートについて書いてきましたが、少し違和感を受ける部分があります。それは、この言葉がオネシポロに向けて直接送られる謝意ではなく、オネシポロの家族への憐れみを込めて伝えられるものだからです。詳しくは分かりませんが、どうも旅の途中であったか、オネシポロは死んでしまったらしいことが推測できます。おそらく迫害ではなく、船の事故か、病死か、事件に巻き込まれたか。しかし、パウロも読み手も知っている何かしらの死因で召された者を想い起こしている。一六節で「オネシポロの家族を主があわれんでくださるように」と、憐れみを求めて祈り、そして一八節で「かの日には主が、ご自分のあわれみをオネシポロに示してくださいますように」と語ります。憐れみに包まれて、オネシポロの真実な奉仕を語る様子には、召天者記念会のようなメモリアルな響きがあります。

「エペソで彼がどれほど多くの奉仕をしてくれたかは、あなた自身が一番よく知っています。」テモテに、あなた自身が一番よく知っていると告げるということは、エペソ教会でも、真実な担い手として尊い奉仕をささげ続けた人物だったのでしょう。「オネシポロは神様が備えてくださった賜物としての奉仕者だったね」と、牧者テモテに、そして家族に慰めと感謝を届けています。家族が送り出し、教会が送り出したオネシポロはまさに主のしもべとして、福音宣教のための献身者として、有益なる存在として、真実な奉仕を全うしたのでした。

オネシポロのような真実な奉仕者に教会の働きは支えられてきました。私が所属する団体の責任者の重責を担われたN先生は、難しい時代の転換点の舵取りを担当されました。教会が近かったのでN先生の奉仕のご様子を一部ですが見せていただき、その献身的な姿に、とても真似できない、しかしこの主にお仕えする姿に倣いたいと憧れを感じる先生でした。先生は、「自分は『問題』とは言わない。問題ではなく『課題』があるだけです。神様がチャレンジとして、そして教会が本物の教会として形づくられるために『課題』を下さるのです」と、いつも前向きに取り組まれていました。

N先生ご夫妻には特別な習慣があります。それは、N先生が家から出かけるときに奥様がひとこととキーワードで声かけして、送り出すことでした。それは、「しもべでね」という一言。朝、教団本部へ出かけるときに、奥様から「しもべでね」と声をかけてもらって、家から送り出される。そして、自分は主イエスのしもべとして遣わされるという原点に生きるのです。献身のしるしとして。

私たちも、主と教会にお仕えする。心砕かれ、低く、太く仕えることを学び続けるのです。最も尊いお方、私たちの主イエス・キリストにお仕えすることを誇りとして生きるのです。たとえ鎖に捕らえられたり、命の危機を通ったりするとしても、あらゆる束縛から解放されて、十字架と復活を証しして進む者は幸いです。このお方に仕えるときの苦難は恥ではなく、主の栄光となるのです。

13　キリストの兵士

〈Ⅱテモテ二・一～四〉

「ですから、私の子よ、キリスト・イエスにある恵みによって強くなりなさい。多くの証人たちの前で私から聞いたことを、ほかの人にも教える力のある信頼できる人たちに委ねなさい。キリスト・イエスの立派な兵士として、私と苦しみをともにしてください。兵役についている人はだれも、日常生活のことに煩わされることはありません。ただ、兵を募った人を喜ばせようとします。」

二章に入りまして、パウロは手紙の受け取り手のテモテに向かって呼びかけます。「私の子よ、キリスト・イエスにある恵みによって強くなりなさい。」若き伝道者のテモテに向かって「私の子よ」と呼びかけるのですが、手紙の冒頭にも「愛する子テモテへ」（一・二）と呼びかけています。

テモテには、先に紹介した祖母ロイスと母ユニケがいて、パウロとは血縁ではありません。しかし、信仰生涯を導いているという意味で、信仰の子であり、第一の手紙ではこう呼びかけます。「信仰による、真のわが子テモテへ」（Ⅰテモテ一・二）。

恵みを呼びかけ合う

そのテモテを導きます。「キリスト・イエスにある恵みによって強くなりなさい」と。「恵み」（カリス）と表現しても、用いる人によって意味は様々でしょう。日本でも「恵」という文字を使う名前が多くあり、クリスチャンが信仰の意味を込めて名づけている場合と、キリスト者でない方が一般的な意味で良い言葉として用いている場合があります。作物を大地の恵みと受け取る場合は、創造された世界にある一般恩寵の一部として、キリスト者でない人々も畏敬の念を込めて用いることがあります。古代ギリシアの人々は「恵み」（カリス）を挨拶で用いていたことを、一章から学んだときに見ました。

「恵みと平安がありますように」と、パウロが書簡の冒頭で祈るとき（ピリピ一・二、ガラテヤ一・三、ローマ一・七、Ⅰコリント一・三）、彼はヘブライ語の平和／平安（シャローム）の挨拶と、ギリシア式の恵み（カリス）の挨拶を合体させた挨拶を日ごろから使用していたことが表れています。一般的な挨拶としての恵みと、キリストの福音としての恵みとを重ねて、パウロは用いています。

キリストにある恵み

二章のほうでは、パウロは明確に福音としての恵みを語っています。一般的な恵みではなく、この恵みは「イエス・キリストにある恵み」です。これは、神様が一方的に与えてくださる賜物としての救いを意味します。テモテへの手紙第一で、自身の証しを語っています。その一章一四節から一六節を引用します。

「私たちの主の恵みは、キリスト・イエスにある信仰と愛とともに満ちあふれました。『キリスト・イエスは罪人を救うために世に来られた』ということばは真実であり、そのまま受け入れるに値するものです。私はその罪人のかしらです。しかし、私はあわれみを受けました。それは、キリスト・イエスがこの上ない寛容をまず私に示し、私を、ご自分を信じて永遠のいのちを得ることになる人々の先例にするためでした。」

満ち溢れた恵みとして、初代教会ですでに告白表現となっていた「キリスト・イエスは罪人を救うために世に来られた」という言葉をパウロは引用します。そして、自分自身のことを「罪人のかしら」と表現します。「かしら」（一五節）と訳されている言葉は「プロートス」という語で、「第一の」という意味です。罪人の中でも最も顕著な罪人、第一の罪人という自己認識をもっている。しかし、キリストが来られた目的が「罪人を救うため」なので、私がキリストの恵みによって、十字架の恵みによって救われたと告白しているのです。

救われる者の「先例」（一六節）となるとありますが、「ヒュポテュポーシス」という言葉です。少し前の説教でも紹介した言葉です。この語の前半の「ヒュポ」は「下に」、後半の「テュポーシス」は「タイプ」という英語の語源です。子どもが習字を習うときに、自分の書く半紙の下に先生が書いたお手本を敷いて、それを筆でなぞりながら学ぶ方法がありますが、この語は、まさしく手本としての良いタイプを下敷きにするイメージです。パウロ自身が先例となったとはどういう意味でしょう。先立つ良い例、あるいは口語訳の「模範」は、立派なモデル的人物を指すのが通常の理解でしょう。しかし、パウロは罪人のかしらである自分が先例だというのです。「罪人のかしら」を言い換えると、「一番、救いから遠い存在」という意味です。その私ですらも、キリストの恵みは十字架で罪を赦し、救うことができるのだから、他のすべての存在は救われることができるとパウロは確信して伝道していたのです。恵みによって救われた存在の「標本」として実物教材のように自身を提示しているのです。迫害者だった自分が、救われた恵みを深く受けとめて、パウロは恩寵経験を証ししています（Ⅰテモテ一・一三、使徒九章）。

明治時代の名説教家として知られている高倉徳太郎という牧師は、教会員に会うといつも問いかける言葉があったそうです。それは「あなたの恩寵経験は？」という問いです。信仰者が、存在の原点に深く刻まれた神の恵みの信仰体験を思い起こしつつ、その恵みに生かされ続ける。信仰者の力の源がキリストの恵みです。ですから、パウロはテモテに「私の子よ、キリスト・イエスにある恵みによって強くなりなさい」と導いているのです。

平和と兵士のイメージ

パウロは「恵みによって強くなりなさい」と、主の福音の恵みに生かされることを促してから、実生活の中で信仰に生きることを勧めます。パウロは、キリスト者の具体的生き方にも頻繁に言及しますが（例、ローマ一二章、Ⅰコリント七〜九章）、ここでは具体的な生き方を支える三つのイメージを伝えています。兵士、競技者、農夫の三つのイメージを用いて、主イエスの恵みに力づけられて歩む信仰生涯を描き出していくのです。今回は兵士のイメージを見ていきましょう。

初代の教会は、イエス様の平和づくりのメッセージを受けて、非暴力で平和づくりに生きる教えを語ります（ローマ一二・一八〜二一、エペソ二・一四〜一七）。しかしここでは、キリストの兵士として生きなさいと、パウロが軍隊のイメージでキリスト者を表現するのは興味深いことです。イエス様の平和づくりのメッセージで最も特徴的なのは、山上の説教でしょう。

「『あなたの隣人を愛し、あなたの敵を憎め』と言われていたのを、あなたがたは聞いています。しかし、わたしはあなたがたに言います。自分の敵を愛し、自分を迫害する者のために祈りなさい。天におられるあなたがたの父の子どもになるためです」（マタイ五・四三～四五）。

イエス様が弟子たちに語られた、「愛敵《あいてき》の教え」は際立っています。通常は、「敵を憎め」という教えのほうが、暴力的危機や被害を受けている者たちには自然な反応でしょう。ユダヤ教のクムラン教団では隣人愛の教えを語るときに、敵まで愛の対象に含めることはしないで、敵は復讐と憎しみの対象としています。「すべての光の子らをおのおの神の会議に入るべきその地位に応じて愛し、すべての闇の子らをおのおの神の報復に入るべき、その罪に応じて憎むこと」（『宗教要覧』Ｉ・九～一〇、『死海文書』日本聖書学研究所、山本書店、九四頁）。

にもかかわらず、古来より、敵であっても滅ぼすのではなく、向き合うようにという教えもありました。統治者としての王の徳に関する教えで、政治的な敵対関係にある相手に対しても、あるいは批判をし続ける者に対しても、王として民を大切にしなさいという教えがありました。

あるいは、古代ギリシア哲学のストア派では、「悪に対して悪で報いてはならない」と語っています。その理由は、敵によって自分は成長することができる。すなわち、敵は自己鍛錬のトレーニング・パートナーだからという動機であって、イエス様が語られた、敵を愛せという教えとは表現は似ていても、異なります。

イエス様は、隣人愛を語るときにだれまでが愛の対象となり、だれからは対象外となるかという境界線の線引きをする神の民の姿を見て、それで良いはずがないと思われました。ルカの福音書一〇章二九節では「では、私の隣人とはだれですか」と律法学者が問い、そこから良きサマリア人のたとえが語られて、「だれが……隣人になったと思いますか」（ルカ一〇・三六）と問いかけました。つまり、愛の対象外を定める線引きをやめなさい、敵と認識する相手、民族であっても、父なる神のまなざしのように、隣人愛の対象となり得るのだ、と語られたのです。

パウロはそのような明確な平和のメッセージを語るのに、不思議なことに平和とは逆にも感じる戦争のイメージを用いて信仰を語ることに躊躇はないようです。いえ、むしろキリストの兵士、光の武具と、戦いのイメージを用いることに積極的にも見えます。パウロは、キリスト者を「兵士」にたとえます。

ある牧師の研修会で、「新しい衣を着る」ということを様々な教派的背景をもつ牧師たちと共同黙想して学びました。「新しい衣」とは、イエス・キリストによって罪赦されることを表す「義の衣」を意味します。そして、新約聖書の書簡では「脱ぐ／着る」という表現は、古き人が死に、新しいキリストと共なるいのちをまとうという、洗礼の際の「白き衣」を連想させるそうです。さらに、もう一つの意味は、信仰で戦う「光の武具」（ローマ一三・一二、Iテサロニケ五・八、エペソ六・一三～一八。参照、イザヤ五九・一七）を意味すると学びました。戦いの服を、クリスチャン・ライフでどのように受けとめようかと、出席者たちは戸惑いました。私は以前、消防署を見学した際に、火事の現場で消火活動に取り組む方々が身につける消防服と酸素ボンベをまとわせていただいたときのことを思い起こしました。いのちのために戦う、キリストの兵士となるとはこういうことだと実感したときでした。その研修会に、救世軍の先生がいて、ずっと士官の服、つまり救世軍の軍服を着ていました。その姿は、まさにキリストの兵士、主の愛を伝えるために福音を語り、愛の奉仕に生きる姿と感じました。たとえ軍服を着なくても、キリスト者は、主の恵みによって強められて、キリストの兵士として生きるのです。

使命に集中するキリストの兵士

テモテへの手紙で、パウロが語っている兵士としてのキリスト者の姿とはどのようなものでしょう。まず、使命に集中して生きる姿です。「兵役についている人はだれも、日常生活のことに煩わされることはありません」（四節）。パウロは日常の私生活を置いて、使命に生き、テモテや同労者たちと「苦しみをともにして」（三節）宣教に取り組みました。献身者という表現がありますが、主イエスの使者として生きることを教えます。

「日常生活」と訳されている言葉は、原語で「ビオス」です。生物を意味する「バイオ」の語源となった言葉です。この語は生命、生活、遺産など、幅広い意味で聖書に用いられます。たとえば、放蕩息子が父に願った財産もこのビオスです（ルカ一五・一二）。単に財産を分けたのではなく、父の命に関わる遺産（ビオス）を求めたのが放蕩息子でした。また別の例では、やもめの二レプタの献金を、イエス様は「生きる手立て」（ビオス）のすべてを献げたと表現しました（同二一・四）。新改訳第三版では「生活費」と訳します。このように、「ビオス」は、命や人生に関係する経済を意味するので、「生計」（聖書協会共同訳）という訳も良い翻訳です。それらすべての生活費の思い煩いから自由になって使命に生きるのが、キリストの福音のために戦う兵士なのです。

主の喜びのために

自分も、そして家族も共に尊いお方から受けた奉仕に生かされていくのです。「キリスト・イエスの立派な兵士……ただ、兵を募った人を喜ばせようとします」（三〜四節）。小学生低学年の娘から、「お父さんは、なんでその仕事してるの？」と聞かれ、牧師として生きることを語り合ったことがあります。私は自分を振り返りながら、「まだ十代だったとき、高校生の時に、自分が生きる意味が分からなかったのだけど、イエス様と出会って、いのちの喜びと生きる目的をもらったんだよ。もしイエス様と出会わなかったら、今生きているかも分からない。だからイエス様に恩返しして、生きていきたい」と話しました。幼い娘がどれぐらい理解できたか分かりませんが、うなずいて聞いていました。

パウロは語ります。「ただ、兵を募った人を喜ばせようとします」（四節）。私を呼び、生かしてくださった主イエス様の福音を伝える喜び、この私の主への喜びを、主が喜びとしてくださる。こんな恵み深いことはない、とパウロも感じていたのでしょう。

単身でも家庭でも主に仕える

「日常生活よりも使命へ」というメッセージは、主に仕える基本的な姿ですが、クリスチャンの実生活ではバランス感覚が必要です。パウロは単身者として生きましたが、聖書は家庭人であることを放棄するようには教えていません。初代教会には夫婦で旅をした使徒ペテロ夫妻のように、家庭で主に仕える道もあります。

神の国の使命に生きるときに、日常の衣食住の必要も満たされていく、と主イエスは約束されました（マタイ六・三三）。一八世紀の英国にメソジスト運動を導いたウェスレー兄弟がいます。兄のジョン・ウェスレーは伝道旅行を使命として続け、「馬上のウェスレー」と呼ばれるように、馬で旅をする姿の絵画がいくつも残されています。しかし、使命を優先して旅を続けるので、人生の良きパートナーには恵まれなかったと言われます。長い伝道旅行で留守にしている間に恋人にふられ、後に結婚した相手とは不仲であったことは、ジョン・ウェスレーの弱さとして知られています。他方、共にメソジスト運動を導いた弟のチャールズ・ウェスレーは結婚するときに、「お兄ちゃんのような生き方と失敗はできない」と巡回伝道旅行をやめました。そして、賛美歌を作る賜物と使命に生きて、賛美の歌詞を断片も合わせると六、〇〇〇以上も作ったと言われています。それゆえメソジストは福音を歌う教会と言われています。聖書は日常生活や家庭生活を犠牲にして使命優先を教えていると勘違いしてしまうと、バランスを欠いた不健康な信仰生活に陥ってしまう危険性があります。他方では、マイホーム主義のような、家庭の幸福追求が人生の目的になってしまうと、主の使命が見えなくなってしまいます。バランス感覚を磨きながら、主に仕える使命を明確にする必要性があるのです。

私は、妻と出会い、結婚に導かれたとき、日本ホーリネス教団の聖書学院教会の副牧師をしていました。婚約式を迎えたとき、司式をしてくださった小林和夫牧師は、共に生きる結婚へ向かう私たちに、ロマンチックな話をするのではなく、この聖書箇所を開かれました。そして、二人は共に生きるとき、キリストの兵士として、競技者として、農夫として、召されていることを心に刻みなさい、と語られました。普通は婚約式で開かれない聖書箇所です。しかし、若い牧師に、キリストの兵士として使命感をもって主に仕えることを忘れてはいけないと語り、その信仰生涯は天にまで続く競技者としての恵みの道であり、農夫として耕しながら、いのちの種を蒔き続ける歩みとなるようにと語られたことを、深く心に刻んでいます。共に生きる者が同じ主を仰ぎ、お互いキリストの兵士として使命に生きる道を示されて困難を乗り越えていけるクリスチャン・ライフとは、そのような幸いな旅路なのです。

14　競技者の栄冠

〈Ⅱテモテ二・三〜七〉

「キリスト・イエスの立派な兵士として、私と苦しみをともにしてください。兵役についている人はだれも、日常生活のことに煩わされることはありません。ただ、兵を募った人を喜ばせようとします。また、競技をする人も、規定にしたがって競技をしなければ栄冠を得ることはできません。労苦している農夫こそ、最初に収穫の分け前にあずかるべきです。私が言っていることをよく考えなさい。主はすべてのことについて、理解する力をあなたに与えてくださいます。」

主の恵みに生きるクリスチャン・ライフの姿として、三つのイメージを使徒パウロは提示しています。一つ目のイメージは「兵士」、次に「競技者」、そして三つ目に「農夫」です。それぞれのイメージは、人生の目的を明確にもち、その使命に集中して信仰に生きる姿を表しています。今回は競技者について、そして、その受ける栄光の賜物について、御言葉から学んでいきましょう。

競技者としてのクリスチャン・ライフ

新約聖書は、スポーツ選手のイメージで信仰者を描くことが頻繁にあります。ヘブル人への手紙一二章一節にはこうあります。

「こういうわけで、このように多くの証人たちが、雲のように私たちを取り巻いているのですから、私たちも、一切の重荷とまとわりつく罪を捨てて、自分の前に置かれている競走を、忍耐をもって走り続けようではありませんか」。

古代の地中海一帯のギリシア・ローマ文化圏には、長円形のスタジアムが数多くありました。そのスタジアムで古代のアスリートたちは、大観衆に囲まれて競い合いました。「多くの証人たちが、雲のように私たちを取り巻いている」という表現は、スタジアムで大迫力の歓声に包まれて走る姿として描かれています。旧約聖書時代の信仰者たちと、教会時代に召天したキリスト者たちが、空の雲のように天の大観衆となって、地上で奮闘しつつ前進する信仰者の姿を、祈り応援してくれているというイメージです。それゆえに、「自分の前に置かれている競走を、忍耐をもって走り続けようではありませんか」と、ランナーとしての信仰の歩みを描き出しています。

使徒パウロも、この競技者のイメージで自分自身の姿を語っています。「ただ一つのこと、すなわち、うしろのものを忘れ、前のものに向かって身を伸ばし、キリスト・イエスにあって神が上に召してくださるという、その賞をいただくために、目標を目指して走っているのです」（ピリピ三・一三〜一四）。使徒パウロは世界宣教のヴィジョンに生きていた自身の伝道者生涯を、地上でのマラソンになぞらえていますが、それとともに、内的な心の旅路も含まれています。引用したピリピ人への手紙三章は、パウロが自身の回心経験で起きた心の内側での変化と、キリストの十字架と復活を知るスピリチュアル・ジャーニー、すなわち霊的旅路を証ししているものです。

冠が与えられる望み

「また、競技をする人も、規定にしたがって競技をしなければ栄冠を得ることはできません。」「また」とあるので、その前に描かれた兵士のイメージ（主人から受けた使命に集中すること）と重ねて、パウロはゴールを目指すことに一心になる競技者を語ります。「規定（ノミモス）」にしたがうとありますが、急に規則主義や律法主義（ノミズム）に逆戻りしているわけではありません。キリストの恵みによって強くなりなさいという奨励（二・一）の文脈に含まれた教えですので、恩寵主義が貫かれています。キリストの恵みを土台として、パウロは新しいいのち溢れる愛の律法（ガラテヤ五・一三〜一四）、聖霊の法則（ローマ八・二）に生かされるように招いています。

ゴールは到達点、目標、使命を表します。そのゴールを目指して進むのです。その先に待っている、「栄冠を得る」という神様からのねぎらいを待ち望んでいました。この「冠」という言葉は、原語で「ステファノス（名詞）／ステファノーオー（動詞）」です。「使徒の働き」に馴染みの深い方は、ハッと思うのではないでしょうか。そうです。七章で殉教するステパノの名前の由来となっている言葉なのです。ステパノは、名誉の冠という名前を親からもらった人物でした。

頭に乗せる冠でも、新約聖書には冠を表す言葉が二つ登場します。一つは「王冠」、そして、もう一つは「栄冠」です。「王冠」のほうは支配者の権威の象徴ですが、もう一つの冠は、植物を編み込んで作る栄冠です。

近代オリンピックは一八九六年にギリシアのアテネで始まったスポーツの祭典ですが、そのもととなった古代オリンピック祭典競技会は、紀元前八世紀からすでに行われていて、新約聖書が書かれた時代にも継続されていました。行われていた競技は地域によって差があるようですが、ランニング、レスリング、円盤投げ、槍投げなど、様々な種目があり、スポーツ選手が勝利を収めたときに、月桂樹の草やオリーブの枝で編み込まれた冠が競技者の頭にのせられました。この冠は、賞金を得ることと区別されて、特別な栄誉を表します。この栄冠を表す言葉が「ステファノス」なのです。近代の競技会では、月桂樹の冠の代わりにメダルを授与します。

パウロは人生のゴール、すなわち人生を全うするときに、主より永続する栄誉の冠を受けるのだと、心待ちにしていました。彼の人生は苦難の連続であり、最後は皇帝ネロの大迫害で捕らえられて斬首となります。けれども、彼は、キリストの救いに生かされた者が、地上のどんな栄誉にもまさる尊い冠をいただくと確信していました。「競技をする人は、あらゆることについて節制します。彼らは朽ちる冠を受けるためにそうするのですが、私たちは朽ちない冠を受けるためにそうするのです」（Ⅰコリント九・二五）。

そして、このテモテへの手紙第二こそ、殉教の一歩手前で書き残されたパウロの遺言書となった書簡です。その最後の章にはこう書き記されています。

「私が世を去る時が来ました。私は勇敢に戦い抜き、走るべき道のりを走り終え、信仰を守り通しました。あとは、義の栄冠が私のために用意されているだけです」（四・六〜八）。

自分の信仰生涯は天へ向かう長距離走だったとパウロ自身の人生観を語り、信仰者にとって死は終わりではなく、むしろ、義の栄光の冠を自分のために主が備えてくださっていると、思いを込めて語ります。

冠を欲しいのですか

初代教会の時代のパウロが、神様からの栄光の冠を待ち望みつつ走った姿を見てきました。あらためて皆さんに問いかけたいと思います。皆さんは冠が欲しいでしょうか？　若い女性が花嫁さんに憧れて、一生に一度の結婚式で白いウェディングドレスを身にまとい、お姫様のようなティアラと呼ばれる冠を被りたいという願いを抱くこともあるでしょう。しかし私自身の感覚では、冠を被るというのは現代では劇の衣装などでしか目にする機会がなく、冠を身に着けてみたいかどうかというと、少し戸惑いも感じてしまいます。被り物は恥ずかしいという感覚の人も少なくないと思います。冠をいただく自分の姿に、少し戸惑いを感じる方には、古代オリンピックで用いられた月桂樹の冠が近代オリンピックでメダルに代わったように、栄冠をもっと身近なものに置き換えて受けとめ直すのが良いかもしれません。

私は小学生の時、教会学校で少し苦い経験をしました。私が育った教会では、年間を通じて一回も休まずに通えた子どもに、皆勤賞の金メダルをプレゼントしていました。そして、一～三回ほど休んだけれども、ほとんど出席した子どもには精勤賞の銀メダル。休みながらも続けて出席した子どもには努力賞で銅メダルを贈っていました。

教会学校の先生が牧師家庭で育った私と兄に、「誉くんと聖輝くんは、一度も休まなかったから皆勤賞なのだけれども、もらうのは銀色の精勤賞メダルでもいいかな」と言われて、「別にいいよ」と答えました。皆勤賞の金メダルは、少し値段が高かったようです。子どもの時のことですから、よく分からないのですが、教会の経済的厳しさもあったのでしょう。牧師家庭の子どもとして経費削減の協力を依頼されて、それが三年間ぐらい続いたのを覚えています。皆勤賞なので金メダルのはずです。それが銀メダルを首にかけられて、こだわるつもりはないのですが、それでもなんとなく寂しさが心に残りました。大人になった自分から、子どもの時の自分を見つめ直してみると、「牧師家庭だから当たりまえのように休まなかっただけだけど、やっぱりボクも金メダルを欲しかったなぁ」という、我慢を強いられたしょっぱい思い出があり、今回のパウロが栄冠を待ち望む聖書箇所を学ぶなかで、思い出してしまいました。もし天国で天使がパウロに、「キミは献身者だから頑張ったのは当たりまえだよ。金の冠はもったいないから、廉価版の冠で我慢してもらおう。段ボールにアルミホイルを巻いた冠よりは、まだましだと思って感謝しなさい」なんて言ったとしたら、彼はどんな気持ちになったでしょうか。そんなことはあり得ないのですが、でも私は少しその気持ちが分かるのです。

そのような歪んだ想像をしてから、もう一度聖書を読むときに、「いや、イエス様は決してそんなケチなお方ではない！　尊いご自身の命を十字架で献げたほどに、私たちを愛してくださったお方だから。主は本物の冠を与えてくださる！」という、御言葉の約束から来る確信と希望が心に湧いてきました。

主イエス様に仕え、御言葉をもって福音を伝えてきた私たちに、「よくやった。良い忠実なしもべだ」（マタイ二五・二一）と、主は栄光の冠でねぎらい、受け入れてくださるのです。

教会を栄冠として

パウロは、死後に天で受け取る義の冠を待ち望んでいましたが、自分が地上においても冠を得ていると語っています。それは何か自分の名誉や収益、地位や財産ではなく、主の愛のうちに誕生した教会こそが彼にとって冠だったのです。

「私たちの主イエスが再び来られるとき、御前で私たちの望み、喜び、誇りの冠となるのは、いったいだれでしょうか。あなたがたではありませんか」（Ⅰテサロニケ二・一九）。
「ですから、私の愛し慕う兄弟たち、私の喜び、冠よ。このように主にあって堅く立ってください。愛する者たち」（ピリピ四・一）。

「あなたは私の冠だ」と、こんなにもまっすぐに愛と敬意を注ぎ、存在そのものを喜びとしてくれる牧者がいる。そのことは、ピリピ教会とテサロニケ教会のキリスト者の心に深く刻まれたことでしょう。使徒パウロは定住型の牧会者ではなく、巡回型の伝道者であって、せっかく教会が形成されても、次の場所に旅立ってしまう生き方をしていました。つまり、献げ尽くしながら生きていったのです。自分の利益には結びつかないけれども、救い主イエス様の福音を知った教会が生み出されていくことが喜びであり、自分に与えられた尊い栄冠だというのです。

　私が担任している日本ホーリネス教団の鳩山のぞみ教会は、千代崎秀雄・聖子牧師夫妻によって開拓されました。千代崎先生ご夫妻は、いくつもの教会を転任され、川越のぞみ教会と、そこから株分けして生み出されて鳩山のぞみ教会が祝福の成長期にあるときに、次の任地に移られました。献げ続けながら伝道者の人生を歩まれました。先に千代崎秀雄先生が病で天に召され、しばらくは奥様の聖子先生が牧師職を引き継ぎ、そして引退し、しばらく経ってから、不思議な導きで、鳩山教会に比較的近い高齢者施設に入所されたので、月に一度、教会員がお迎えに行って鳩山教会の礼拝に出席してくださるようになりました。記念誌に「一粒の種が良き地に蒔かれ、百倍の実を結ぶ。イエス様がおっしゃったとおりですね。聖名を崇める次第です。……主なるお方は鳩山を愛し祝福してくださっています」（『希望と賛美の翼――日本ホーリネス教団鳩山のぞみ教会創立三〇周年記念誌』二〇二二年、七頁）と書いてくださいました。この聖子先生の言葉を読む教会員にとっては、先生が私たちの存在を「栄冠」であり、「喜び」であると感じていることが伝わってきますね。使徒パウロが、教会こそが私の冠であると存在を喜びとした思いと響き合うようです。

天の礼拝での冠

ヨハネの黙示録では、天上の礼拝を目撃した使徒ヨハネの証しが記されています。天の礼拝で、数えきれないほどの天使たちの賛美が歌われているなかで、聖なる神の玉座が真ん中に見えた、とヨハネは語ります。その玉座の周りに二十四人の長老たちが座についていて、その長老たちの頭には金の冠があったというのです（四・四）。二十四人とは旧約聖書の神の民（十二部族）と新約聖書の神の民（十二使徒）の代表としての意味をもつと理解してよいでしょう。その天の礼拝の情景の中で、彼らはせっかく冠をいただいているのに、その冠を脱ぎます。そして、自分たちに与えられた冠を、聖なる神様の御座の前に投げ出すようにしてささげ、礼拝します（同一〇～一一節）。神様は私たちに栄冠を下さり、地上の務めに生きた私たちをねぎらってくださいますが、真の神様の御前で私たちはひたすら神の栄光を思うという、深き礼拝の姿が記されています。

さらに黙示録の終末のヴィジョンが進み、救いの完成に向かう場面を描く一九章で、屠られた子羊と、白い馬に乗る「真実な方」という表現で、救いを完成するイエス様が描かれていきます。この主イエスが、「栄冠（ステファノス）」とは異なる、もう一つの種類の冠「ディアデーマ」と表現される「王冠」を身につけて登場するのです（同一九・一二）。この「ディアデーマ」は「王様の冠」であり、支配を表します。この王冠を身につけた方には、「その衣と、もものところには、『王の王、主の主』という名が記されていた」（同一六節）。

「冠」をキーワードとして御言葉を学んできましたが、私たちが栄冠を受けるのは、この王冠を身につけられた真の王である主イエスの栄光のためであることを心に留めたいと思います。この王なる主イエスに、「ハレルヤ、王の王、主の主」と賛美するのです。

この黙示録の賛美は、一八世紀の英国の音楽家ヘンデルによって作曲された『メサイア』の中で、歌詞として用いられています。有名な「ハレルヤ・コーラス」を聞いたことのある方、あるいは歌ったことのある方も少なくないでしょう。ロンドンで最初に演奏されたとき（一七四三年）、英国の国王ジョージ二世が客席にいたというエピソードが残されています。救い主メシアとしての主イエス・キリストの生涯を描き出す演奏が続き、第二部の最終局「ハレルヤ・コーラス」に差しかかったときに、「ハレルヤ、ハレルヤ……王の王、主の主に……ハレルヤ」と繰り返し歌われていくなかで、国王ジョージ二世がスタンディング・オベーションと呼ばれる、立ち上がって敬意を表す行為をしたのです。この逸話が語り継がれています。そして、それゆえに、この「ハレルヤ・コーラス」が歌われるときに、観客は総立ちになるという慣習が生まれたとされています。

このエピソードは、黙示録の冠のメッセージを再話しているかのようです。救いが完成するときに、「王の王、主の主」として真の王冠をもつお方が現れる。神の民の代表の二十四人の長老たちが、それぞれの栄冠を主に献げて、主の栄光が満ち溢れた礼拝となるのです。そして、私たちもまた、その主に栄光を帰する礼拝に招かれているとは、なんという幸いでしょうか。

15　神の言葉はつながれない

〈Ⅱテモテ二・八〜一〇〉

「イエス・キリストのことを心に留めていなさい。私が伝える福音によれば、この方は、ダビデの子孫として生まれ、死者の中からよみがえった方です。この福音のために私は苦しみを受け、犯罪者のようにつながれています。しかし、神のことばはつながれていません。ですから私はすべてのことを、選ばれた人たちのために耐え忍びます。彼らもまた、キリスト・イエスにある救いを、永遠の栄光とともに受けるようになるためです。」

この手紙を執筆しているとき、使徒パウロはローマの牢獄に捕らえられています。皇帝ネロによる大迫害が始まっていて、もうわずかな時で自分自身も殉教の死を遂げることを覚悟して、若き伝道者テモテに向けて手紙を書き記しているのです。ですから、九節の「私は苦しみを受け、犯罪者のようにつながれています」という言葉は、単なるたとえではなく、実際に信仰のゆえにローマの牢獄に入れられて、足には鎖がつながげられている捕縛者生活を意味しています。

使徒パウロは伝道者生涯の中でたびたび、鎖につながれた場面での証しを語ってきました。その都度、不思議な助けで解放されてきたのですが、今回の捕縛は実際に最後になります。この身を縛る鎖はもうほどけることはない状況にあって、パウロはなお信仰に立ってこのように証ししています。「しかし、神のことばはつながれていません。」なんという力強い確信、御言葉への信頼でしょうか。強大なローマ帝国の絶対的な権力をもつ皇帝によって、自分の体は縛られているのに、私の宣べ伝えている福音の言葉はつながれていませんと、何ものにも縛られない神の福音の言葉を証しするのです。縛られないだけでなく、束縛から解き放つ力をも福音の言葉はもつのです。

このパウロの確信には、いくつかの特徴がありますが、キリスト黙想による解放、十字架と復活による解放、縛られない信仰などの主題を見ていきましょう。

キリストを黙想する

まず一つ目として、キリストを黙想することによる解放を見ましょう。八節で、こう招かれます。「イエス・キリストのことを心に留めていなさい。」主イエスを心で見つめて、心に留めるようにします。聖書協会共同訳では「思い起こしなさい」と、想起するように招きます。おそらく、かつての懐かしい思い出に浸れと教えているのではなく、今、生ける主イエス・キリストが共におられることを覚えるように、そして、主はどのように私を導いておられるのかに思いを巡らすようにと招いています。すなわち、信仰が深まる黙想の招きと言えるでしょう。この動詞はギリシア語の「ムネーモネウオー」で、英語で「リメンバー」と訳され、想起し黙想することを促す言葉です。

私たちは日常生活の中で様々な事々や思いに束縛されます。生活の憂いや人間関係の悩みなど、気になってこだわると、心が縛られてしまうということはないでしょうか。相手から誤解されたと感じたり、見下されたのではないかと気になりだしたりすると、心に刺々しい悪い蔓《つる》が伸びてきて、いつのまにかグルグルに巻きつかれてしまうことがあるのです。こんな思いから自由になりたいと、もがきながらも、ますます心が捕らわれてしまいます。ある経験豊かな牧師が、このように語りました。「主イエスが『思い煩うな』と諫めているのは、心配すること自体は悪くないが、心を患うような心配の仕方が身心をボロボロにしてしまうからで、イエス様はそこから解き放とうとしてくださる。」不健康な思いに絡みつかれて疲れている心の人は、パウロ先生が若き伝道者テモテ向けた招きを共に聴きましょう。

奉仕をしている神学校で、オンライン黙想会を準備しました。黙想指導としてO先生をお招きして、恵み深い時をもちました。イエス様を心の内に祈りつつ思い巡らす黙想経験でした。大嵐の中の小さな漁船でおびえる弟子たちのところに、イエス様が来て、その舟に乗り込んでくださり、嵐が静まります。その物語を共同黙想して、自分の内的世界が聖書物語の中に引き出され、大嵐のような秩序が壊れて不安しかない状況に、主イエスの「静まれ」という御声が響く経験をしました。抱えていた課題、悩み、痛みが、自分の祈り心の内に引き出されていく、聖書物語の弟子たちの描写の一つ一つが心の波風と重なって、イエス様の御声が突き抜けるように、たましいに響く「静まれ」と。

分かち合いの時には、参加者たちをグループ部屋に送り出して、ネット操作奉仕者の私と講師だけが残ったとき、向こうから「宮崎さん、私たちも分かち合いをしませんか」と招いてもらい、心を聞いてもらいました。そのときに私が深く感じたことは、「あぁ神様、私が背負い込んでいる重荷を降ろせるように、あなたがこの恵みの時を備えてくださったのですね」ということでした。イエス様を想起し、黙想するところに、主が共にいてくださるのです。

十字架と復活の福音による解放

八節を読み直しますと、「イエス・キリストのことを心に留めていなさい。私が伝える福音によれば、この方は、ダビデの子孫として生まれ、死者の中からよみがえった方です」とあります。イエス・キリストを黙想すると話しましたが、主イエス様の人生と御業の中でも、特に覚えるべきこととしてパウロが伝えていることは、「十字架と復活」でした。十字架と復活が福音の核だと指し示します。

「ダビデの子孫として生まれ」とは、旧約聖書で約束された救い主が到来したという意味です。そして、その救い主が「死者」となられた。すなわち、十字架で私たちの罪の贖いのために死なれたということです。また「よみがえった方」とは、十字架の死と葬りの後に三日目に死を打ち破って復活されたということです。福音の言葉は、イエス様の十字架と復活を証しします。

「神のことばはつながれていません」と、パウロはローマ帝国の迫害による鎖に縛られながらも語りました。それは、投獄によって身体の自由が失われること、精神的に閉じ込められること、また、殉教の死によって人生を強制的に終わらされることも、主イエスが十字架と復活でなしてくださった大解放を無効にするものではないという、福音への信頼があったからです。

人間は様々なことで苦悩を通ります。その中でも人類の二大絶望は、罪の絶望と死の絶望でしょう。人間同士のお互いの過ちに関しては、償ったりお詫びをしたりして共に歩める道を探すものです。しかし、聖書が明らかにしていることは、人間には行為にあらわれる罪よりも根深いところに罪の性質があり、その原罪の解決の方法が人にはないということです。ですから、人間の絶望は罪の現実と向き合うときにその深刻さに気づくのです。「ハイデルベルク信仰問答」では、罪に気づく認罪というものは、人が愛に生きようとする機会に、歪んだ形、あるいは転倒した「心の傾き」があらわになり、大切な相手を愛せない自分に気づくことで分かると語ります（参照、「ハイデルベルク信仰問答」問五）。神様が「神と隣人を愛する」素晴らしい存在として祝福して創造してくださったのに、堕落して内面が壊れてしまっている人間は、愛すべき相手を愛そうとしても、まさにそこで罪の性質を帯びた自分の心の歪みに気づきます。日常でいつも意識しているわけではなくても、ここぞという時に自分の内側の転倒と、それによって相手を深く傷め続けていることを自覚したときに、人はそこで罪の支配という自己絶望と向き合います。この罪の支配によって望みが絶たれることを自覚するときに、主イエスの恵みの十字架が本物の救いとして私たちに届くのです。

また、主イエスの復活は死に対する勝利です。命あるものは死を恐れます。死が肉をもつ存在の終わりだからです。存在に深く刻まれた本能的・直観的な死の恐れとも言えるでしょう。人は死を恐れつつも、死の向こう側に憧れるのです。世俗化された感覚として、地上の人生を終えた者はだれでも天国に行ったと表現しますが、その感覚には根拠がありません。すべて肉なる者は、死と虚無の支配のうちに閉じ込められていると本当は感じているので、人は死を恐れるのです。しかし、聖書はイエス・キリストが十字架で死んで罪の赦しの福音を成し遂げ、死を打ち破ってよみがえられたことを証ししています。

縛られない信仰

このパウロ最後の手紙が、皇帝ネロの時代の大迫害の最中に書かれていることを、すでに何度も紹介しました。九節にこうあります。「この福音のために私は苦しみを受け、犯罪者のようにつながれています。しかし、神のことばはつながれていません。」まさにその迫害下にあって、御言葉へのパウロの信頼がほとばしっているようです。これは説明の言葉ではなく、信仰者のリアリティそのものなのでしょう。

ローマの大火を機に始まったキリスト教への大迫害ですが、パウロとともに活躍した初代教会の指導者ペテロも、この時期に殉教します。伝承がもととなり小説や演劇になった『クォ・ヴァディス』は有名です。迫害から避難しようとローマの街から出て行くペテロたちのところに、光り輝く御姿の方が通り過ぎようとする。ペテロは「主よ、どこへ行かれるのですか（クォ・ヴァディス・ドミネ）」と質問すると、「あなたが私の民を見捨てるなら、私がローマへ行き、もう一度、十字架にかかろう」と答えられた。この使命を手渡す言葉を聞いて、ペテロはローマでの働きに戻って行くという伝承です。

やがて、ペテロは妻とともに捕らえられ、見せしめに妻が先に処刑されることになります。殉教を前にした妻に、ペテロは「主を覚えよ」と励ますのです。その勇気に、看守さえも感銘を受け、キリスト教信仰を受け入れました。いよいよ十字架刑が執行されるときに、主が死なれたように殺されるのには、ふさわしくないので、頭を下にして十字架にかけるように願い出たと伝えられています（W・バークレー『イエスの弟子たち』新教出版社、三三頁）。

「神のことばはつながれていません」とは、なんという力強い宣言でしょうか。すでに、一章八節のテキストからの説教で触れたホーリネス弾圧のことに、もう一度言及させてください。改訂された治安維持法で、戦時中に思想・宗教弾圧が起きました。それを覚えて毎年六月二十六日の時期に弾圧記念聖会がもたれています。弾圧が起きた六月二十六日は忘れようとしても忘れられない日だと松原頼子牧師は、連行された父・車田秋次牧師のことを覚えて語ります。警察により連行されていった父の姿と、使徒の働き（使徒行伝）で牢に入れられた使徒パウロの姿を重ねて、子どものまなざしで記憶しています。二年後の一九四四年に、出所が告げられたときには、いくつもの扉が開かれて出獄したペテロのイメージと重ねて受け取る経験をされたそうです（使徒一二章）。父の裁判を傍聴したとき、父が語った「もし国の法律と神の法律が矛盾することがある場合は、自分は国の法律以上に神の法律に従う。結局、殉教するしかない」ということを聞き、松原頼子牧師は深く心に刻んだと語っておられます。

そのような弾圧記念を覚える集会の記録が出版されたときに、テモテへの手紙第二の言葉から書籍のタイトルがつきました。『神の言はつながれてはいない――ホーリネス弾圧記念集会記録集』（ヨベル）。宣教者パウロの言葉は、世代を越えて、響き続けているのです。

16　常に真実なお方

〈Ⅱテモテ二・一一～一三〉

「次のことばは真実です。
『私たちが、キリストとともに死んだのなら、
キリストとともに生きるようになる。
耐え忍んでいるなら、
キリストとともに王となる。
キリストを否むなら、
キリストもまた、私たちを否まれる。
私たちが真実でなくても、
キリストは常に真実である。
ご自分を否むことができないからである。』」

旅する伝道者として、人生の旅路を進み続けたパウロは、この手紙を遺言書のように、ロ

ーマの牢獄で書いています。その殉教で人生を終える一歩手前でパウロの心に湧き上がる言葉は、「真実」でした。「主イエス・キリストは常に真実である。」 この確信が使徒パウロの生涯を支えていたのです。

一一節で「真実」と訳されている表現は、原語のギリシア語で「ピストス」という言葉です。パウロはこの語を、福音を解き明かすために頻繁に用いています。この「ピストス」は形容詞ですが、新しい聖書翻訳をめぐる議論で、名詞形の「ピスティス」(真実)のほうがずいぶん広く知られるギリシア語表現となりました。「ピスティス」は、「信仰」、「真実／信実」、「信頼」など、意味合いが広いのですが、変わらずに誠実で信頼できることを意味する使徒パウロが多用した大切な言葉です。

福音の言葉の真実さ

「次のことばは真実です。」 真実な言葉がある。この前と、後にどのような言葉が真実であるか描かれていますが、この「次のことばは真実です」という表現に続くのは、教会の歴史の初期の賛美の言葉です。旋律がつけられていたかは分かりません。あるいは詩篇歌のように唱えながら歌うスタイルだったかもしれません。実際に教会の交わりで歌われていたのでしょう。信仰を言い表した告白の言葉を、共なる言葉として歌っていたのです。

「次のことばは真実です」の前にも、その内容の背景を読み取れる表現があります。一番明確な表現は、「神のことばはつながれていません」（九節）でしょう。自分の体は牢獄に捕らわれて、鎖でつながれていても、神の言葉はつながれないという確信をパウロはもっていました。その神の言葉の内容をパウロは一つ前の節で語ります。「私が伝える福音」（八節）のことで、「ダビデの子孫として生まれ（受肉したキリスト）」、そして、「死者の中からよみがえった方です（十字架と復活）」（同節）と。すなわち、受肉、十字架、復活があらわすキリストの福音を自分は宣べ伝えていて、その福音のゆえに迫害を受けて苦難の中にいるけれども（九節）、耐え忍び（一〇節）、救いが完成する「永遠の栄光とともに受ける」終末の希望に生かされている（一〇節）。苦難の中で、希望の終末が信仰のまなざしで見えているので、賛美が湧き上がっているのでしょう。

これは、使徒パウロのライフスタイルとも言える姿です。ピリピの町で宣教をしたときにも、不当に捕らえられ、むち打ちの刑に処せられ、足枷をつけられて牢獄に放り込まれました（使徒一六・二二～二四）。しかしその夜、パウロとシラスは牢獄の中で賛美を歌ったのです。

「真夜中ごろ、パウロとシラスは祈りつつ、神を賛美する歌を歌っていた。ほかの囚人たちはそれに聞き入っていた。すると突然、大きな地震が起こり、牢獄の土台が揺れ動き、たちまち扉が全部開いて、すべての囚人の鎖が外れてしまった」（同二五～二六節）。

他の囚人たちが「聞き入っていた」と記述されます。むち打たれて、生傷がただれ、牢に投げ込まれたのですから、うめき声や泣き声がしみ出してもおかしくない場面です。囚人たちにとっては、新入りの泣き声は暇つぶしの余興代わりかもしれません。ところが、真夜中に二人の賛美の声が響き渡ったというのです。その賛美に「聞き入っていた」。ある翻訳では「耳を疑った」と意訳しています。そこで神の御業が起き、救われる人まで起こされていったのです（同三一～三三節）。

さて、テモテへの手紙に書き残されている初期の賛美の言葉を見ていきましょう。

「私たちが、キリストとともに死んだのなら、
キリストとともに生きるようになる。
耐え忍んでいるなら、
キリストとともに王となる」（Ⅱテモテ二・一一～一二）。

キリストとともにある信仰者の存在が告白されています。「私たちが○○なら、キリストとともに○○である」というリズムで歌われていきます。私たち信仰者が「キリストとともに

に死んだのなら」。実際の肉体の死のことではなく、キリストが私たちの罪のために十字架で死んでくださった、その主イエス・キリストの十字架の死を、罪に支配されていた自分の死だと受け入れて、私の古き人はキリストとともに十字架で死んだのです、という信仰を告白しているのです。そうであるならば、「キリストとともに生きるようになる」。これは、キリストの十字架とともに古き私は死に、そして、キリストの復活とともに新しいいのちに生かされるという復活信仰です。

この主の十字架と復活に信仰者が結ばれることはおそらく、洗礼を背景にもっていると見ることができるでしょう。

「私たちは、キリストの死にあずかるバプテスマによって、キリストとともに葬られたのです。それは、ちょうどキリストが御父の栄光によって死者の中からよみがえられたように、私たちも、新しいいのちに歩むためです。私たちがキリストの死と同じようになって、キリストと一つになっているなら、キリストの復活とも同じようになるからです」(ローマ六・四〜五)。

イエス・キリストと結ばれて、主の十字架と復活に生かされるとはなんと幸いでしょう。この福音の中心を高らかに賛美するのです。その主と結ばれて、試練を耐え忍び、王なる主イエスの恵みの支配に加わる者として、共同統治をするという終末のヴィジョンが歌われます。「耐え忍んでいるなら、キリストとともに王となる」と。間違ってはいけないのは、「キリストに代わって王となる」ではなく、「ともに王となる」です。この特権にあずかるためには、まず、信仰者の心の王座を主イエスに明け渡す必要があります。

否むことができない主

「キリストを否むなら、
キリストもまた、私たちを否まれる。
私たちが真実でなくても、
キリストは常に真実である。
ご自分を否むことができないからである」(一二～一三節)。

この告白的な賛美には、明確に訳出されていないのですが、一一節から四回も繰り返されている接続詞があります。「エイ」という言葉で、英語の「if」にあたる「もし」です。ペアになる四つの対となる文章の頭に「エイ」と入ります。翻訳では「○○なら」と訳されているので、適切にきれいな翻訳がされているのですが、これを大げさに訳すと、「もしキリストとともに死んだのなら……もし耐え忍んでいるなら……もしキリストを〔私たちが〕否むなら……もし私たちが真実でなくても」となります。

この仮定の意味合いの「もし（if）」ですが、全くあり得ないことを空想する場合にも使いますし、あるいは想定としてでも現実的に起こり得る仮定の場合もありますので、一つ一つ吟味が必要でしょう。一一節の「〔もし〕キリストとともに死んだのなら」というのは、洗礼を受けたキリスト者はみな、現にこの恵みに生かされていることを先述しました。しかし、一二節後半のキリスト否定は恐ろしい罪です。初代教会では背教の罪は最も深刻と位置づけられていました。使徒ペテロが主の十字架の前夜に、祭司長の庭で怖くなり、三度、主を知らないと言った場面で、ルカの福音書はこの賛美と同じ「否定する（アルネオマイ）」という動詞を用いて、こう記述します。

「しかし、ペテロはそれを否定して、『いや、私はその人〔イエス〕を知らない』と言った」（二二・五七）。

このようにペテロが否んでしまったのだから、他の信仰者も、いえ他のだれかではなく自分自身にとっても、いつでもキリスト否認が起こり得るということを言っているのかもしれません。いやむしろ、仮に起こってしまったらと言っているのか。補足として、この「私たちが否む」は未来形なので、将来に人の弱さゆえに起こり得ることを表現しているのではないだろうかと感じます。

もちろん、信仰を捨てる背教は決してあってはならないことですが、初代のキリスト者は、その信仰者の内にある確信と不確かさ、真実さと不真実さの間の揺らぎを知っていたのでしょう。これは、信仰においては、私たちの内側にその確かさがあるのではなく、むしろ、神の恵みによって主イエスの内に確かさがあるという認識が大切なのです。

続く言葉は、私たちを戸惑わせる言葉です。「キリストを否むなら、キリストもまた、私たちを否まれる。」もしキリストを否定したら、キリストが私たちを否むというのです。この言葉をはたして賛美として、どのように歌うことができるのでしょうか。ここにも「エイ（もし）」があるので、仮定のことですが、先述したように動詞が未来形ということも理解の助けになるかもしれません。いつか主を否定するようなことが起きてしまったら、キリストが私たちを否定されるという響きから、最後の審判を思い起こすこともできるでしょう。しかし、このような裁きのメッセージが福音の喜びを歌う賛美の言葉になっていることに、戸惑うばかりです。そこで、もう一度、この御言葉を読んでみましょう。「否む」が対になって二回だけ使用されるのではなく、三度目に福音の響きを伴って登場しています。

「キリストを否むなら、

キリストもまた、私たちを否まれる。
私たちが真実でなくても、
キリストは常に真実である。
ご自分を否むことができないからである。」

あってはならないことであるが、ペテロのように信仰者でもキリストを否むことが将来あるかもしれず、それに対する裁きとして、神の側より否まれることがあり得るだろう。しかし、キリストは変わらずに真実なお方なのだ。そして、キリストはご自身を否むことができない。主は真実さを否定できない。だから、三度も主を否んだペテロのような弱さをもつ罪人の自分ですら、主の真実のゆえに、救われる道があるのだと、この賛美は表現しているのです。

しかも、「キリストにはできないことがある」という特殊な言い回しを用いて、キリストの真実を語っています。神は全能ですから、何でもできるお方であるということが、むしろ神のご性質を表す定義のようなものです。中世の、意味をもたないなぞかけのような問いに、「全能なる神は、自分で持ち上げられない大岩を造れるか」というものがあったそうです。全能神ならば、すべてを造ることができるはず。しかし、持ち上げられない物を造れるが、造ったときにはできないことが発生してしまう、というのです。このような議論は、言葉のあやでしかなく、内実のない問いかけです。実際に神の全能性の問いがあるなかで、「キリストにはできない」という表現はとても強烈な主張ではないでしょうか。

イエス様ご自身、神の全能を語られました。「人にはできないことが、神にはできるのです」（ルカ一八・二七）。また、使徒パウロは、キリストによって何でもできると語っています。自分が全能という意味ではありませんが、自分を強めてくださるキリストの御力を信じる信仰告白です。「私を強くしてくださる方によって、私はどんなことでもできるのです」（ピリピ四・一三）。

このように、キリストへの信頼は、「できる神」を信じる信仰生涯のはずです。けれども、「できないことがある」と語っている。原語の「ウー・ドュナタイ」は、可能の否定を表現し、英語に置き換えると「not able（可能ではない）」の意味です。こんな強い表現を用いてパウロが伝えたかったことは、主イエスは自分自身を否定することができないということです。キリストはご自身の真実を否めない。それほどまでに、主イエス・キリストは真実であるというメッセージが、ここで共なる賛美として歌われているのです。

キリストは常に真実

「私たちが真実でなくても、

キリストは常に真実である。
ご自分を否むことができないからである。」

これは、なんと力強く迫ってくる御言葉でしょうか。「キリストは常に真実である。」この説教のはじめにこの言葉の意味に触れましたが、変わらずに真実で、信頼できるご存在が主イエス・キリストなのだと証ししています。それは、たとえ人間が不真実であっても失われず、キリストがご自身を否めないから常に真実なのだと、主イエス・キリストに根拠を置く確かさなのです。

神学校で寮生活をしていたときに、ルームメイトになった先輩で後に牧師になったO先生が、この聖書箇所を愛唱聖句としていました。子どものころ、近所のお兄さんとよくキャッチボールをしていたそうです。小さい時だったので、まっすぐコントロールよく投げられず、右や左へそれたり、届かなかったりしていた自分のボールを、お兄さんは上手に拾って投げ返してくれた。お兄さんのボールは、自分の正面にバシッと返ってくる。この御言葉を読むと、そのイメージが心に湧いてくると語っていました。「私たちは的外れな生き方ばかりしているが、主イエスの恵み深さはいつも変わらないんだよ」と語る先輩は恵みに生かされている姿をあらわしていました。

実は、その先輩のお母さんも牧師で、私自身お世話になった方でした。そのお母さんは、大きな試練を経験された方でした。導かれて結婚し、そして子どもが生まれる。

しかし、思い描いていた人生が急に閉ざされてしまいます。ご主人が重い病になり、看病の甲斐なく一年で息を引き取ってしまったのです。赤ん坊の息子を抱きしめながら涙し、でもその中で、主の恵みに支えられたと証しされました。「私たちが真実でなくても、キリストは常に真実である。ご自分を否むことができないからである。」愛する夫との死別は深き悲しみでしたが、しかし、その後の人生を、主の真実に支えられて歩まれました。その証しを思い起こしながら、私もまた、自分の不真実、不確かな自分の力に頼るのではなく、主イエス・キリストの真実によって、信仰生涯を歩み抜いていきたいと願っています。

17　神の堅固な土台

〈Ⅱテモテ二・一四〜一九〉

「これらのことを人々に思い起こさせなさい。そして、何の益にもならず、聞いている人々を滅ぼすことになる、ことばについての論争などをしないように、神の御前で厳かに命じなさい。あなたは務めにふさわしいと認められる人として、すなわち、真理のみことばをまっすぐに説き明かす、恥じることのない働き人として、自分を神に献げるように最善を尽くしなさい。俗悪な無駄話を避けなさい。人々はそれによってますます不敬虔になり、その人たちの話は悪性の腫れもののように広がります。彼らの中に、ヒメナイとピレトがいます。彼らは真理から外れてしまい、復活はすでに起こったと言って、ある人たちの信仰をくつがえしています。しかし、神の堅固な土台は据えられていて、そこに次のような銘が刻まれています。『主はご自分に属する者を知っておられる。』また、『主の御名を呼ぶ者はみな、不義を離れよ。』」

恵みと平安がありますように。今回、特に心に留めたい聖書の言葉は、「神の堅固な土台」（一九節）です。堅固であり、揺るがない、確かさがあるというのです。

私の父はよく地震の恐ろしさについて語ります。父は高知県で幼少期を、関西で少年時代を過ごしました。二度、大地震を経験していて、地震の大きな揺れで屋根が落ちてくるような家屋倒壊を経験しました。ぎりぎりのところで土間に転がり落ちたおかげで九死に一生を得て助かったというのです。父の親族で、地質学者になった人がいて、親戚の家の土地の地盤調査をして回りました。私の父もユニークですが、親戚もユニークな人が多く、その人は地質にだけ興味があるようでした。ある日、私の実家の地盤を調べて、良質のコケッシルトで耐震性が強く心配ないという情報を、わざわざ訪問してくれたのに呼び鈴も押さず、ポストに入れて帰って行ったようです。せっかく親戚の家まで来てくれたのだから、少しだけでも挨拶したかったと父は思ったそうですが、その方の興味は地質に集中していたようです。いずれにしても、父が誇りをもってこの土地は地震に強いということを、子どもたちに語っていたのを記憶しています。

パウロは、揺るがない土台があることを語ります。一九節、「しかし、神の堅固な土台は据えられていて、そこに次のような銘が刻まれています。『主はご自分に属する者を知っておられる』」。今日はこの主題を二つの視点で見ていきましょう。第一は、「確かな土台」ということ。そして、第二に、「主はご自身のものを知っておられる」ということです。

嵐に揺さぶられる教会

このテモテへの手紙第二が書かれたのは、教会が揺らいでいた時期です。迫害による大嵐に揺さぶられていました。有名な書籍に『嵐の中の牧師たち――ホーリネス弾圧と私たち』（新教出版社）という本があります。この内容は、第二次世界大戦下、特別高等警察によって教会は迫害を受けて、牧師たちが留置所に入れられ、教会が解散させられるという弾圧事件についてです。辻啓蔵牧師が投獄され、そのときの様子を息子の辻宣道氏が書き綴ったものです。出来事も嵐のように激しいのですが、揺れ動く内面にまで厳しいまなざしを向ける読むべき書籍です。弾圧時に十代半ばだった辻宣道少年が、獄中死した親の姿につまずき、後に信仰が回復し、牧師となり、やがて日本基督教団の総会議長の重責を背負うようになりますが、生涯問い続けたのは確かな教会形成とはいったいどういうことかということでした。

大嵐の中で私たちは揺らぎます。この書簡が書かれている時期の大風は、外的困難としては狂人となったローマ皇帝ネロによる炎のような大迫害が起きていることです。パウロは牢獄に捕らわれて、殉教の死を迎える少し手前にある。そのような外的要因だけではなく、教会の内側には異端の教えによって振り回される状況もあったようです。人々の信仰が不健全なものに陥っていました。ですから、ここでのテーマは偽りの教師たちがいるということです。一四節にこうあります。「これらのことを人々に思い起こさせなさい。そして、何の益にもならず、聞いている人々を滅ぼすことになる、ことばについての論争などをしないように、神の御前で厳かに命じなさい。」

思い起こさせることとは、「キリストの十字架と復活の福音は真実である」ということです。すなわち、直前に引用されている賛美の内容、「私たちが、キリストとともに死んだのなら、キリストとともに生きるようになる。……キリストは常に真実である」（一一～一三節）という福音理解を思い起こさせようとしています。ところが、不適切な教えについては、一四節に「何の益にもならず、聞いている人々を滅ぼすことになる、ことばについての論争などをしないように、神の御前で厳かに命じなさい」と記されます。人を生かさない言葉遊びには意味がないのです。誤解してはなりませんが、教会で議論してはいけないということではありません。真理を探究するためには、福音理解を多面的に語り合って、大いに議論・対論して健全な信仰を見いだすために論理的な努力をするのは必要なことです。争いのようにも見える厳しい議論も、ときには必要でしょう。この箇所で用いられている表現は、「ロゴス（ことば）」から派生した「ロゴマケオー」という表現で、「言葉争い」という意味です。特にここで意図している内容は、哲学的な言葉で福音を歪ませていく異端的教えが起きていたということです。初期からあった異端的要素が、二世紀に入ると体系化していき、グノーシス主義をはじめ、様々な異端思想として発展していき、後の初代教会の教父たちは闘っていくようになります。

ある異端では、霊的なものが素晴らしく、肉なるものはすべて悪であり、肉を否定して霊的に目覚めようとする教えがありました。そうすると、肉体性を伴う大切な福音理解を否定していくようになります。たとえば、イエス様が肉体をもって来てくださったという降誕の受肉を価値のないものと位置づけて、その意味を変えようとするのが異端の教えでした。さらには、体の復活を別の意味にすり替えようとするのです。ですから、一八節の「復活はすでに起こった」という表現の一つの解釈として、異端的な教師たちが聖書の語るキリストの来臨（パルーシア）を求めるのではなく、異端的な定義による歪んだ再臨観で実現済みだと教えていたのです。そのような偽教師の名をあげて、警告しています。ヒメナイとピレトとその異端的なグループは、哲学的言葉遊びで福音を歪めようとしていると注意しているのです（一七節）。「彼らは真理から外れてしまい、復活はすでに起こったと言って、ある人たちの信仰をくつがえしています」（一八節）。この簡略な聖書の描写では、一世紀後半の異端の様子は断片的にしか分かりませんが、二世紀に入ると、いくつもの異端の教えが体系化されて文書を残しています。例として、一時期話題になった「トマスの福音書」は、グノーシス主義の視点でイエス様の教えを書き換えているような文章となっています。せっかく救われた者たちの信仰が覆される痛みは測り知れないものです。

まっすぐな証し

この揺らぐ時代に、パウロは確かな福音を語りなさいと勧めます。一五節にこうあります。

「あなたは務めにふさわしいと認められる人として、すなわち、真理のみことばをまっすぐに説き明かす、恥じることのない働き人として、自分を神に献げるように最善を尽くしなさい。」　先ほど言及した異端の教師にはならないように、そして、教会として健全で的確な教師として、真理の御言葉をまっすぐに語ることで、献身するようにと勧告するのです。これは現代の教会にも問われていることです。

真理の言葉をまっすぐに語る証し人になる。皆さん、これが一番大切なことです。現代人は、語り方を工夫して興味を引いて、飽きさせず、共感度と好感度を高めながら伝えるように努力します。しかし、このように福音の真理をまっすぐに語っているかという問いを受けて、私は正直たじろぎ、戸惑います。自分はまっすぐに語れているだろうか、と。「真理のみことばをまっすぐに説き明かす、恥じることのない働き人」として献身するのです。直球勝負を貫く生き方です。真実に確かな土台に立って福音をまっすぐに語るのです。

渡辺興吉牧師は最近、ご自身の証しをトラクトとして作り直されました。興吉先生は、金曜日のバラエティ番組で、ひとり農業コーナーで出演するワタナベさんのお父さんとして有名になりましたが、引退の年を迎えても、なお教会での働きを続けておられます。トラクトを再版して、私のところにもたくさん送ってくださいました。まっすぐに福音との出会いを語られます。タイトルは『人生の目的』です。自分は生きる意味が分からなくて、本当に悩みこんでしまった。まっすぐ問いかけていきます。親に聴き、先生に聞き、教授に質問し、文学に問い、ついには心も体も病んでしまう。この病が進んだらと思うと恐怖を感じたそうです。「二十歳の若さで俺は死ぬのだろうか。『死ぬ』ってどうなるんだろう。死んだらどこへ行くのか。」　体がますますやせ細っていく。そんなころに、宣教師と出会ったのです。英会話から、教会との関わりが始まります。

ある日、牧師と向かい合ってお茶を飲んでいるときに、その牧師さんが、手にしていたお茶碗を聖書の上において、福音を語りました。「渡辺さん。この茶碗は、あなたの罪。この聖書は、キリスト。あなたの罪はキリストの上にあります。十字架の上でそれがなされたのです。」　その牧師は聖書の言葉を引用して、「『キリストは自ら十字架の上で、私たちの罪をその身に負われた』（Ⅰペテロ二・二四）とあるとおりです」と、まっすぐに語りました。そのとき、自分の目が開かれる経験を渡辺青年はしたのです。「自分の罪はすでに、そうです、すでに！　赦されていたのです。やがて死の恐怖が露となり消えるのを覚えました。そして、また、ついに人生の目的を知った！　人生の目的は、神を愛し、人を愛することである、と。」

揺るがない土台

このように真理をまっすぐに語る教会は、揺るがない確かな土台をもつ教会だとパウロは語ります。主イエスは、教会はどこを土台とするかを語っておられます。マタイの福音書一六章に、「キリスト告白」と呼ばれる信仰告白をペテロがする場面があります。

「シモン・ペテロが答えた。『あなたは生ける神の子キリストです。』 すると、イエスは彼に答えられた。『バルヨナ・シモン、あなたは幸いです。このことをあなたに明らかにしたのは血肉ではなく、天におられるわたしの父です。そこで、わたしもあなたに言います。あなたはペテロです。わたしはこの岩の上に、わたしの教会を建てます。よみの門もそれに打ち勝つことはできません』」（一六〜一八節）。

教会の土台は、ペテロが代表で宣言したキリスト告白という信仰告白です。主イエスを救い主として「あなたは生ける神の子キリストです」と心から告白する、この信仰告白が、教会の土台となります。そのことを、主イエスは「わたしはこの岩の上に、わたしの教会を建てます」と語っています。

また、コリント人への手紙第一では、こう語られています。「だれも、すでに据えられている土台以外の物を据えることはできないからです。その土台とはイエス・キリストです」(三・一一)。力強い御言葉ですね。「その土台とはイエス・キリストです (Our foundation is Jesus Christ)。」 この確かさの上に建て上げられていきます。ですから、パウロは「神の堅固な土台は据えられて」（Ⅱテモテ二・一九）と語ります。

土台に刻まれた銘

嵐の時代、揺さぶる異端の教え、不確かな意味喪失の人生、その他あらゆる揺らぎに対して、神の揺るがない堅固な土台があることをパウロが語ったときに、とても興味深い描写としてその土台をのぞきこませます。そこには銘が刻まれていますね、と語りかける。よく建物の定礎とされる石の板に、会社でしたら理念を表す言葉や、教会堂でしたら会堂建築を支える御言葉が刻まれます。神の堅固な土台にも銘が刻まれているとして、二つの言葉を紹介しています。「次のような銘が刻まれています。『主はご自分に属する者を知っておられる。』また、『主の御名を呼ぶ者はみな、不義を離れよ』」（一九節）。

「主はご自分に属する者を知っておられる」とは、なんという恵みでしょうか。私たちはキリストによって贖われて、神様に属する者に変えられた。この私を主は知っていて、覚えていてくださる。救いの確かさとして、神の堅固な土台にそのような恵みが刻まれているというのです。

もう一つは、聖化を促す言葉です。「主の御名を呼ぶ者はみな、不義を離れよ。」救っていただいたのだから、私のために主イエスは十字架にかかるほどに愛を注いでくださったのならば、どうして不義のまま歩めるだろうか。悪習慣から離れ、主にあって人を生かす義の道を求めていくのだ、と促すのです。自分の歩みの中で気づかされる不義があるならば、悔い改めて立ち返りましょう。弱さや罪深さの中で願っていない不義に引き戻されることがあるかもしれません（ローマ七・一八〜二五）。その気づき、認罪が起こるときには、キリストの十字架の恵みに立ち返りましょう。そのために、主イエスは十字架を成し遂げてくださったのですから。信じて救われるというのは真理です。でも、救われているから信じられるという受けとめ方もできるでしょう。私たちがまだ罪に支配されていたときに、主は先だって十字架で救ってくださった（同五・八〜一〇）。不義から離れよとは、不義から救い出してくださる主イエスの十字架の恵みに、何度も何度も立ち返りながら、聖化のプロセスを歩むことです。そのとき、信仰者の口にのぼる言葉は、自分の罪深さを嘆く呻きよりも、もっと深い「主の御名」となるのです。「主よ」、「主イエス様」と、尊い御名を呼び続ける者となるのです。

明治時代のキリスト者で、八木重吉という多くの人に愛された詩人がいます。彼は主イエスの御名を呼ぶことに思いを込める言葉を残しています。「神を呼ぼう」という詩があります。

「赤ん坊はなぜにあんなに泣くんだろう
あん、あん、あん、あん
あん、あん、あん、あん、あん
うるせいな

うるさかないよ
呼んでいるんだよ
神様を呼んでいるんだよ
みんなも呼びな
神様を呼びな
あんなにしつこく呼びな」

もう一つ、主イエスの名を呼吸する言葉があります。

「イエスの名を 呼びつめよう
入る息、出る息ごとに呼びつづけよう
いきどおりがわいたら
イエスの名で溶かそう
弱くなったら
イエスの名でもりあがって強くなろう
きたなくなったら
イエスの名できれいになろう

死のかげをみたら
　イエスを呼んで生きかえろう」

何よりも、「イエスの名を呼びつめよう／入る息、出る息ごとに呼びつづけよう」。吸い込む息で、吐き出す息で、「主よ」と呼びながら祈る。「主イエス様」と呼び、主と結ばれて、主の福音に生かされる、恵みの呼吸法に浸るように身に着ける人は幸いです。神の堅固な礎は、私たちが「主の御名を呼ぶ者」とされていることを証ししています。

18　尊きに用いられる器

〈Ⅱテモテ二・二〇～二一〉

「大きな家には、金や銀の器だけでなく、木や土の器もあります。ある物は尊いことに、ある物は卑しいことに用いられます。ですから、だれでもこれらのことから離れて自分自身をきよめるなら、その人は尊いことに用いられる器となります。すなわち、聖なるものとされ、主人にとって役に立つもの、あらゆる良い働きに備えられたものとなるのです。」

前回の聖書箇所では、土台について語られました。「しかし、神の堅固な土台は据えられていて」と(一九節)。その揺るがない堅固な神の土台の上に家が建てられる。イメージが移り、土台から家へ、そして家庭で用いられる食器へと転換しながら、福音の性質が明らかになっていきます。これはユダヤ人の教師たちが用いる手法で、一つずつ独立したイメージでの教えが、まるで真珠の玉がつながっていくように、個別な教えが連なって語られていきます。特にユダヤ教のラビにこのような語り口が多かったようです。パウロもそのように多様なイメージを、つなげながら深めていきます。一九節の土台から、二〇節の大きな家のイメージへ、さらに食器へと転換していきます。

家庭訓として

使徒パウロは、大きな家にある食器のイメージを用いて、信仰者の生活について語っていきます。食器とは、家庭生活で用いられるものですから、信仰生活の家庭訓に通じる要素もあります。神の家である教会で、信仰者がどのように生きるのかが問われるのです。

「大きな家には」と語りだしますが、テモテへの手紙第一のほうでは家庭訓セクションがあります。年配の方々のための教え（五・一七～一九）があります。夫に先立たれたやもめに関する教えがあります（同三～一六節）。しもべへの教え（六・一～二）、男への教え（二・八）、女への教え（二・八～一五）。

このように、教会は神の家としてみなされ、それぞれの役割に合わせて実際的な信仰的指導を受けています。そこに謙遜と愛と相互奉仕の姿を見るのです。「大きな家には」とあるように、性格も民族も役割も多様な人々が共に生きる大家族として、神様が教会を形成してくださいます。主イエスの贖いによって、天の父なる神の子どもたちとならせていただいた私たちは、神様が用意してくださるホームに生きる者となるのです。

食器のイメージ

神の家族である信仰者たちが、テモテへの手紙第二では食器のイメージで語り直されています。「大きな家には、金や銀の器だけでなく、木や土の器もあります。ある物は尊いことに、ある物は卑しいことに用いられます。」家庭では古来より食生活が営まれるので、食器が大切な道具です。

「金や銀」という表現は、旧約聖書の時代から繰り返し用いられますが、ときどき順番が入れ替わり、「銀と金」と述べられることもあります。古代の青銅器時代や鉄器時代を舞台とした物語では、高価な銀を扱う場面があります（創世四四・一～五）。山から鉱物として銀を削り出すこともあれば、川砂からわずかな砂金を見つけ出すこともあり、それぞれの地域と時代によって手法が様々であるため、希少価値が変わり、時代によっては銀のほうが価値が高く、その場合は「銀と金」と書かれるようです。しかし日本語訳ではどちらの順序であっても「金銀」と訳す場合が多いようです。パウロは金と銀の順で書いていますが、このテキストでは金と銀の価値比較はされず、むしろ木製と土製との比較、そして用途の比較をしています。

パウロは、食器の用途による使い分けに触れます。皆さんのご家庭でも、毎日、食卓に並ぶお碗や、お皿、お箸など、様々な種類の食器があることでしょう。さらにはお父さん用のお茶碗や、子ども用の食器など、使用者まで定まっている場合も少なくないと思います。何のための食器かということは、自然と定まっていくものです。可愛いネコのエサを入れるお椀もありますが、衛生面では綺麗とは言えません。また逆に、普段は家族も使わないお客様用の食器や、お祝い用のおもてなし道具を取り分けている家もあるでしょう。現代の家と同じように、古代の屋敷には様々な用途の食器があり、パウロはそれを思い描かせます。「大きな家には、金や銀の器だけでなく、木や土の器もあります。ある物は尊いことに、ある物は卑しいことに用いられます」と。

「ある物は尊いことに、ある物は卑しいことに」と比較されていますが、「卑しい」は直訳では「尊くない」です。「尊い」は「ティメー」という言葉、これに否定の接頭辞「ア」がついています。日本語でも単語の前に「不」とか「非」がつくと意味がひっくり返るのと同じで、「ア＋ティメー」（聖書箇所では「アティミア」）となると「尊くない」という意味になります。尊い用途に用いられなかったというのと、卑しいというのとではずいぶん意味合いが変わります。

その食器を、クリスチャンのイメージとして用いて、自分の使命として「主人にとって役に立つもの、あらゆる良い働きに備えられたものとなる」こと、それが「尊いことに用いられる器」となることだと、パウロはテモテに教えています。

主の御用のための器

金銀の器と、土製、木製の器が比較されていますが、注意しなくてはいけないことは、はじめから価値が決まっているという差別意識に陥らないことです。旧約聖書でも新約聖書でも器のイメージで信仰者が表現されますが、人間はみな土の器として表現されます（Ⅱコリント四・七）。何よりも、はじめの人アダムの名は「土（アダマー）」を語源としているくらいです（創世二・七）。土の性質は、壊れやすいことで、欠けある人間を意味し、死ぬと土に帰るという性質をもっています（詩篇九〇・三）。

この土から造られた欠けある存在、罪と汚れをもつ人間を、神様が造り直してくださることを預言者たちは陶器師のイメージで語ります。

「**主**からエレミヤに、このようなことばがあった。『立って、陶器師の家に下れ。そこで、あなたにわたしのことばを聞かせる。』私が陶器師の家に下って行くと、見よ、彼はろくろで仕事をしているところだった。陶器師が粘土で制作中の器は、彼の手で壊されたが、それは再び、陶器師自身の気に入るほかの器に作り替えられた。

それから、私に次のような**主**のことばがあった。『イスラエルの家よ、わたしがこの陶器師のように、あなたがたにすることはできないだろうか――**主**のことば――。見よ。粘土が陶器師の手の中にあるように、イスラエルの家よ、あなたがたはわたしの手の中にある』」(エレミヤ一八・一～六)。

どのような器でも主の贖いの御手に身を委ね、悔い改め、恵みによって造り変えていただくとき、信仰者は尊き御用のために用いていただく器に再生する希望が記されているのです。

どのように主の御用のために整えるか

ローマ帝国時代に生きるパウロは金銀のように取り置かれる器を奉仕者の理想像にしますが、旧約の神の民はほとんど木製と土製の焼き物の器しかなく、しかし、その中でも主の御用のために取り置かれる器があったことを見てきました。ここで問う必要があることは、私たちが主の御用のためにどのように自分自身を主に献げて整えるかということです。

「ですから、だれでもこれらのことから離れて自分自身をきよめるなら、その人は尊いことに用いられる器となります。」

日常生活で主に仕えるのも尊いことですが、時と場をささげて、日常から少し距離を取って、主の御前に自分を整えるのも尊いことです。私が幼いとき、牧師だった母親は土曜日のことを「備え日」という表現で呼んでいました。いつもの土曜日であっても、翌日の日曜日は礼拝をささげる「聖日」であって、土曜日は、牧師にとって自らを整えて礼拝の御言葉の説教の準備をする日だから、大切にしなくてはいけないという感覚がありました。そのために子どもたちが何かをするということではないのですが、家の中で少しだけ騒ぎすぎずに、父親の備え日としての静まりを邪魔しないように配慮するという空気がありました。尊い御用のために、身を整えることを、子どもながらに感じ取った経験でした。

聖会などで、説教者が「尊きに用いられる器となるように、自らをきよめなさい」と語っておられたのを覚えています。主の御用に献身し、用いられている尊敬する先生でしたので、憧れる思いでメッセージを聴き、「尊きに用いられる器」という響きが耳に残っています。

教会の伝統によっては、聖と俗を区別して、世俗の職業ではなく、祈りに生きるために修道院生活の伝統をもつ団体もあります。現代の日本のプロテスタントの牧師は、家庭をもち、家庭人として主に仕える面を大切にします。ですから、完全に主の御用のみに生きるのは難しいことです。清らかなせせらぎに生きる牧師もいれば、世の中の日常生活臭ただようにごり水を生きる場合もあります。しかし後者のほうが、生活で御言葉を聞く牧師になるでしょう。生活の葛藤の中で教会の方々と同じように生活と子育てと人間関係で奮闘し、そこで御言葉に生かされていきます。日常から離れた非日常の尊い生活に専念することが良いことなのか、それとも、生活のただ中で、台所の祈り、子育ての祈り、病と老いに寄り添う祈りに、教会員とともに生きることが意味があるのか。この二つの狭間に、現代のキリスト者は置かれているのかもしれません。

朝の聖書と祈りのディボーションは、尊い信仰生活の備えになります。ある黙想会で、スマートフォンの目覚まし機能を使って、一日の隙間の時間を五回ほど選び、ブルブルと携帯電話が動く機能を用い、それが鳴ると「主よ」と御名を呼び、深い息を吸って、目を空に向け、短く祈ることを取り入れてはどうでしょう、と勧められました。学業や仕事の合間に、短い数十秒の祈りの時が差し込まれることで、主との交わりを想起できる。日常で小さな奉仕を大切にして、主にお仕えするとき、「尊きに用いられる器」となることにも意味を見いだすことでしょう。日常生活の中に、祈りの時、賛美の時、黙想の時を確保して、今ここに愛なる神様と聖霊様によって結ばれているという恵みの時をもつのです。

不敬虔を避ける

「これらのことから離れて自分自身をきよめる」（二一節）という言葉には文脈があります。聖と俗に分けて、「俗的な生活から離れる」という強調点ではなく、むしろ具体的な生活で汚らわしい会話や、異端的に歪められた教えから離れるという流れの中での言葉です。少し前の箇所にこうあります。「俗悪な無駄話を避けなさい。人々はそれによってますます不敬虔になり、その人たちの話は悪性の腫れもののように広がります」（一六〜一七節）。この淀んだ罪深い状況は、三章でさらに厳しい訓戒として取り扱われていきますが、実際にテモテが牧会しているエペソの町の、またパウロがいるローマの町のひどく歪んだ姿を言っているのでしょう。それで、パウロはこう叫ぶのです。「主の御名を呼ぶ者はみな、不義を離れよ」（一九節）。そして、むしろ尊いことを求めて、主にお仕えする私たちも自らを尊い物を持ち運ぶ器として歩むようにと招いているのです。

良き働きのため

「主人にとって役に立つもの、あらゆる良い働きに備えられたものとなるのです。」パウロはテモテが主の恵みのうちに良き働き手として、ますます用いられるように励まします。良き業がどのように理解され、位置づけられるかによって、プロテスタント教会には時折混乱がありました。それは「良き業」と「善行」の区別で、両者は共に英語で「good works」と表現されます。イエス・キリストによる救いは、「ただ恵みによる」救いです。これを、宗教改革者のルターは「ソラ・グラティア」（Sola Gratia）と呼んで、救いは行いによるのではなく、ただ主イエスが十字架で成し遂げてくださった恵みによって、それを信仰で受け入れるだけで救われるとします。この「だけ（only）」は、「人間の善行によらない」ことを意味しています。すなわち、罪過を善行で埋め合わせて、ついに救いを獲得するという救済観ではないということです。

その代わりに、主イエスが成し遂げた十字架の贖罪によって、ただイエス様の恵みによって（ソラ・グラティア）、そしてそれを受け入れる信仰によって（ソラ・フィデ／Sola Fide）救われるのです。「ただ恵みによって」と「ただ信仰によって」は矛盾しないのかと考えたことがありますが、信仰のほうは通り道です。では、パウロが語る良き業とは何なのでしょう。恵みの救いを否定する、徳による救済、行為義認、あるいは律法主義なのでしょうか。そうではありません。愛の実践を強調したジョン・ウェスレーは、「善き業への救い」と位置づけました。これらを丁寧に書き直すと、こうなります。

救いは、善き行いによらず（not by works）
信仰を通して（through faith）
恵みによって（by grace）
　善き業への救い（unto good works）

恵みによって救われたからこそ、主がその尊い恩寵の実りとして愛の奉仕に生かしてくださるというのが、救いの大切な要素なのです。欠けある土の器ですが、主イエスの愛をいただいています。「私たちは、この宝を土の器の中に入れています。それは、この測り知れない力が神のものであって、私たちから出たものではないことが明らかになるためです」（Ⅱコリント四・七）。土の器である信仰者がその中に何を入れるかが問われています。宝としてイエス様の恵みが入っているときに、この欠けある器であっても、主が用いてくださるのです。「その人は尊いことに用いられる器となります。すなわち、聖なるものとされ、主人にとって役に立つもの、あらゆる良い働きに備えられたものとなるのです。」

19　反対者を柔和に教える

〈Ⅱテモテ二・二二～二六〉

「あなたは若いときの情欲を避け、きよい心で主を呼び求める人たちとともに、義と信仰と愛と平和を追い求めなさい。愚かで無知な議論は、それが争いのもとであることを知っているのですから、避けなさい。主のしもべが争ってはいけません。むしろ、すべての人に優しくし、よく教え、よく忍耐し、反対する人たちを柔和に教え導きなさい。神は、彼らに悔い改めの心を与えて、真理を悟らせてくださるかもしれません。悪魔に捕らえられて思いのままにされている人々でも、目を覚まして、その罠を逃れるかもしれません。」

恵みと平安がありますように。地中海一帯を巡るように世界宣教をしてきた使徒パウロが、若き伝道者テモテに勧告として、また遺言として語る言葉です。どのように伝道者として歩むか、その生き方を教えています。これは、律法主義のような「すべき論」で語っているのではなく、イエス・キリストの恵みによって救われたのだからという恩寵主義に支えられての奨励です。今回の聖書箇所はとても堅実な内容です。生活に密着していますので、どうぞ皆さん、自分の生活ではどのように適用できるかを思い巡らしながら、祈り心のうちに御言葉に聴きましょう。

三つの主題で見ていきましょう。第一に「求め」ということ、第二は「悪魔の罠」、そして三番目に「柔和な心で教える」ということです。

求め

二二節にこうあります。「あなたは若いときの情欲を避け、きよい心で主を呼び求める人たちとともに、義と信仰と愛と平和を追い求めなさい。」ここに求めについて書かれていますが、一つ目は「欲」です。それを「若いときの情欲」と表現しています。人は異性にひかれて、それを通して人生のパートナーを見つけていき、そのプロセスで愛することを学んでいきます。それが歪んでしまうと、人格に敬意を払わない形で性衝動が先立つ情欲となってしまいます。この聖書箇所では、それをコントロールするように勧められています。そのことが、「若いときの情欲を避け」と表現されるのです。「欲求」は、生物学的にも人格形成としても、自然なものです。しかし、多くの若者クリスチャンが悩むことは、衝動自体を否定的にとらえて、不健康な禁欲的な価値観によって経験するジレンマです。私もその一人でした。性は命の源である創造主からの贈り物として正しく位置づけることが大切です。性について考え生きるとき、命と人格の尊さを学ぶ必要があるのです。

過度な欲があり、それを無制限に解放するのは危険でしょう。金銭欲、権力欲、自己顕示欲、承認欲求など、様々な形で表出する欲求には一定のコントロールは必要ですが、それらを「罪」の一言で禁じる禁欲主義は実は、そのことで悩む人への助けにはならないと思います。欲や衝動が、深い自己尊厳感の課題とつながっていたり、人格形成期の傷と関わったり、若い時の問題が中年の危機として現れて社会問題に発展することもあります。抑え込むだけでは解決できず、むしろ自分の内側で駆り立てている要因や、抑えがたい衝動の奥で深い癒しを必要としている領域があることに気づかなければいけません。それらはキリスト教カウンセリングや、牧会学で深められ続けていくことでしょう。

欲とは悪いものだけではありません。韓国人牧師がメッセージを語り、「キリスト者の皆さん、主にあって『正しい欲』、言うならば『義欲』を抱きましょう」と奨励しました。確かに主イエスは、「まず神の国と神の義を求めなさい」（マタイ六・三三）とお教えになりました。正しい欲に生きることはとても健全でしょう。

札幌に行きますと、羊ヶ丘展望台に、遠くを指さすクラーク博士の銅像に添えて、「少年よ、大志を抱け（Boys, Be Ambitious）」とあります。もともとは「キリストにあって」（In Christ）が添えてあったといわれます。日本のプロテスタント宣教初期の札幌バンドの運動に大きな感化を与えた教師は、キリストにあって大志を、大きな野望を、すなわち義欲をもって生きるのだと若者を指導したのです。

パウロ先生も、歪んだ欲望を制御するように語りつつ、追求すべきこととして「追い求めなさい」と語ります。「義と信仰と愛と平和を追い求めなさい」と。ここに積極的に追い求める生き方が記されています。不適切に陥っている欲望を閉ざす禁欲的な教えを振りかざして、「あれをするな。これもダメだ。クリスチャンらしく清貧を貫け」と教えているのではなく、志を高くもって、「義と信仰と愛と平和を追い求めなさい」と次世代リーダーを育てているのです。

正義、信仰、愛、平和を求める

大いなる神の御心を求めるように、正義を求め、信仰を求め、愛を求め、平和を求めるようにと奨励しています。この四つの言葉は深く編み込まれるような関係性があるように思います。「正義と愛」を対立的に見る視点をよく聞きますが、聖書では「正義と愛」は共にあるものです。誤った理解ですが、旧約聖書は正義で罪人を裁き、新約聖書は愛で人を赦す。このような義と愛を対立的に理解するのは、誤った福音理解だと指摘されています。神は義なるお方なので、愛をもって罪人をも救われるのです。「もし私たちが自分の罪を告白するなら、神は真実で正しい方ですから、その罪を赦し、私たちをすべての不義からきよめてくださいます」（Ⅰヨハネ一・九）。神は義なる方なので、罪を告白する者の罪を赦すと語られています。

パウロが繰り返して用いる表現に、「信仰、希望、愛」（Ⅰコリント一三・一三）という、初代教会の信仰生活三大スローガンとされる三つのキーワードがあり、この三つと「信仰、愛、平和」は似ています。「希望」の部分が、ここでは「平和」に置き換えられていると見ることもできます。

皆さんは平和のために祈りますか。各地で紛争が起き、スマートフォンで録画された画像が世界中を巡るので、痛ましい紛争の映像に溢れています。主の憐れみを求めつつ、ひたすら平和のために祈り続ける私たちです。一九六〇年代以降の米国とソ連の冷戦における核兵器製造競争の恐ろしい時代を越えて、二〇〇〇年に向けて世界は「共生」を旗印に共に生きる世界に憧れました。しかし、テロとの戦い、各地の民族紛争と争いが続いています。巨大な軍事力に呑み込まれていく世界を見るときに、自分たちの力の小ささを痛感させられます。それでもなお平和のために祈るのか、平和づくりの奉仕を続けるのか、徒労に終わらないか、そのような声が響き続ける世界です。パウロが生きた時代も、ローマの帝国主義の軍事力が支配者のようにふるまっている時代でした。しかし、こうした時代だからこそ、平和を求め続ける必要があるのではないでしょうか。ローマの帝国主義の軍事力に支えられた平和秩序（パックス・ロマーナ）の中で、それに依存せずに、キリストの平和（パックス・クリスティ）を信じ、パウロは神の国の福音を宣べ伝えたのです。私たちは、傷める世界だからこそ、希望を失ってつまずくのではなく、こんな痛ましい時代だからこそ、世界の破れ口に立つキリスト者として生きるのです。主にある希望の人は、平和づくりを使命とするのです。

悪魔の罠

二六節にこう語られます。「悪魔に捕らえられて思いのままにされている人々でも、目を覚まして、その罠を逃れるかもしれません。」悪魔の罠はどう理解できるでしょうか。聖書が書かれた時代の世界観では、常に物質的側面と霊的側面が共存していて、社会的な悪に内在する霊的悪を見る世界観です。このような世界観は長い歴史をもち、中世を貫いて存在しましたが、近代に入ってからは霊的領域と物質的領域を区分するようになっていきます。現代では、悪魔を迷信やオカルトの中に押し込めて理解して、「そんなものがあるか」と、認識しないようになってきています。ある神学者がこう語ったそうです。現代は、「悪魔なんていない」と信じ込ませて、背後で誘惑者として働きかけることが最も有効な誘惑方法だ、と。「目を覚まして、その罠を逃れる」ことが必要なのです。

コロナ禍の緊急事態宣言で集いを自粛したころ、水谷潔先生がユーモアを込めて、誘惑者である悪魔の語るであろう言葉を紹介しました。

「悪魔の雑談特別編～悪霊係長、新型コロナを語る」

日本支部の営業所で顔を合わせた悪霊係長とその同僚が新型コロナウイルスを語る。

係長「新型コロナウイルスには、助けられているな」
同僚「まあ、おれたちの営業には追い風だよな」
係長「一堂に会して礼拝しなくなった教会もあってうれしいよな」

係長「ネット配信礼拝を機に、収束後も教会の交わりに戻らないとか期待しちゃうぞ」
同僚「そういうのあるだろうな」
係長「献金が激減して、財政破たんっていうのも、楽しみだ」
同僚「リアル、それもありかもな」
係長「コロナウイルスが教会を弱体化し、神の業の前進を妨げている様を見ると、うれしくてたまらんぞ」
同僚「ああ、そうだな……」

係長「なんか、さっきから、リアクションが薄いんですけどー」
同僚「ああ、喜んでばかりいて、いいのかなーって思ってさ」
係長「どういうことだよ」
同僚「だって、迫害や試練の中にあるときこそ、教会って力を発揮するじゃないか」
係長「ああ、聖書の記録もそうだし、おれたちの経験からも、それ言えるよな」

同僚「神の愛はしぶといから気をつけろよ」
係長「どれだけ、勝利を確信しながら、土壇場で大逆転負けしてきたことか……」
同僚「神はもちろんのこと、日本の教会を甘く見ると痛い目にあうぞ」
係長「痛い目って？」
同僚「礼拝中止を機に、クリスチャンたちが礼拝の恵み、意味、目的などに目覚めたらどうだろう？　収束後に、義務感でなく喜んで教会に集い、いのちあふれる礼拝をささげるようになったら恐怖だぞ」
係長「まさに恐怖だ、悪魔的には、それ最悪」
同僚「教会の財政難の中で、誰かがバルナバレベルの献金をしたら、教会がリアルに勇気づけられるだろ？」
係長「それって、使徒の働き並みの恐怖だわ」
同僚「何より、これを機にクリスチャンが、神や永遠に目を向け成長したらどうだ？　未信者たちも、失われることも滅ぶこともないものに心を向けるとしたらどうだ？」
係長「クリスチャンにとっては、最高の成長の機会、未信者にも求道のチャンスになっちゃうぞ」

同僚「コロナウイルスは、教会には、ピンチのようでチャンスかもしれないぞ」
〔水谷潔氏のブログより（二〇二〇年三月五日）〕

私はコロナ対応中に、水谷先生のユーモアとメッセージに触れて、とても励ましを受けました。そして、目を覚まして戦うべきところがあることに気づかされました。悪魔にかき回されることもあり、誘惑にさらされることもありますが、危機の中で本質に立ち返ることができる。生ける主イエスの御名によって乗り越えていけることを思います。

柔和に教える

三つ目のポイントですが、「柔和に教える」ということです。「主のしもべが争ってはいけません。むしろ、すべての人に優しくし、よく教え、よく忍耐し、反対する人たちを柔和に教え導きなさい。神は、彼らに悔い改めの心を与えて、真理を悟らせてくださるかもしれません。」テモテへの手紙のような牧会書簡が導く信仰生活の指針に触れるときに、気をつけなくてはいけないのは、これは今習得されているべき基礎的な標準ということではないということです。むしろ、目指すべき指標として受けとめてください。そうでないと、立派過ぎる生き方に、できていない自分を責め続けることになりかねません。テモテへの手紙第一では、「執事たちはこうありなさい。長老たちはこうありなさい。監督はこうありなさい」と、理想的姿が提示されます。しかし、これは標準ではなく、謙虚に成長し続ける模範です。善き美徳を習得しながら、恵みによって主にお仕えしていくという「しもべ道」が表されているように思います。

目指していく指標です。「すべての人に優しくし」、そうできれば良いのですが、この言葉だけでつまずきそうになります。けれども、主の愛に押し出されて、成長したいと目指すのです。「よく教え、よく忍耐し、反対する人たちを柔和に教え導きなさい。」しなやかな柔らかい心で伝え続けていくのです。この二五節を今週、心に留めて主の導きとして意味を問いながら、道しるべにしてみませんか。「反対する人たちを柔和に教え導きなさい。」これを目指す小さな一歩を重ねていく。私たちが良いと思うことをしようとすると、「反対者がいる」という現実を受けとめておくことです。あるカウンセラーが言った言葉で、「みんなから好かれたいと思い、悩む人がいますが、一般的には、周囲にもし十人いれば二割はあなたを応援する好意的な方、二割はあなたを鍛えてくれる反対者、そして残りの多くは、そんなに普段はあなたを気にしていません」というものがありました。歯切れよく語るリアリティに私は心が軽くなる気がしました。自意識過剰から解放してくれました。

そして二割の反対者がいても、そこで慌てることはありません。さらにそこで「柔和に教え導く」ことです。硬い敵対ではなく、柔らかく導くことです。平和学で教わるのは、対応1が「戦う／ぶつかる」、対応2が「回避する／逃げる」（セーフティーエリアを確保する）、そして第三の道は「非暴力コミュニケーションで建て上げる」です。柔らかい心で養い導くことをパウロは勧めます。「反対する人たちを柔和に教え導きなさい」と。反対者ともう顔も合わせず、ただ離れるのではなく、忍耐強く対話をし続けるための内的な力を主が備えてくださるという、私には励ましを感じるメッセージです。家族カウンセリング等で、「レジリエンスを養う」という表現があります。レジリエンスとは逆境の中での持続力を意味する言葉です。困難な人々を支え続ける持続力です。よく忍耐して、柔和に教え導くとは、そのたましいが主の愛に支えられていることから来る内的力を用いて、その存在がだれかの支えになる姿です。

私と一緒に、所属団体の教育局の働きをしている信徒のOさん。とても柔和な方です。子育てが落ち着いたころ、働きに出て、その地域のカスタマーサービスを担う大きな課の責任者になっていきました。責任者ですから、難しいお客様への特別対応をする役割も担ったそうです。受話器の向こうで怒り心頭どなり散らすような方とお話をします。その電話が回ってくるときに、祈るそうです。「神様、ここにもあなたの愛を、私に力を」と祈りながら、電話を受けて、「心を聴く」ことに集中するということです。なぜお客様はこんなにも怒っていらっしゃるかを理解しようとします。マニュアルでは「まず謝る」とあるようです。謝って、事実確認して、対応する。しかし、その第一歩の「謝る」というマニュアルどおりの対応が怒りを増すこともあるそうです。でも、Oさんの特別対応は「まず祈る」です。自分のたましいを神様の愛と結んでいただいて、それから電話を取り、心を聴くのです。心が病んでもしかたがないような、どなり声を浴びる状況で、心を聴き続ける。すると、相手の空気が変わる瞬間がある。「聴いてもらえた」と相手が実感したとき、向こうの声が柔らかくなる。「本当は、あなたに言ってもしようがないんだよな。聴いてくれてありがとう。対応よろしく」と。

私はこの証しを聞いて、すごいなと心底思いました。でも、この方を支え続ける神の恵み、キリストの愛があり、祈るときにそれらがこの方の心に注がれているのです。「反対する人たちを柔和に教え導きなさい。」Oさんのような柔和さを皆がもっているわけではないかもしれません。怒り、混乱、痛み等の負のエネルギーを受話器越しにぶつけられて、穏やかでいられる人は少ないでしょう。Oさんには特別な賜物があるのかもしれませんが、しかし、Oさんもまたイエス様と結ばれて、主の愛を心で受け取るために、祈りを必要としています。

主イエスはすべての重荷を背負い、私たちのために十字架におかかりくださった。この主と結ばれ、主の恵み深さを受け取り続けることが、柔和に生きる秘訣ではないでしょうか。

20　終わりの日の愚かさ

〈Ⅱテモテ三・一〜九〉

「終わりの日には困難な時代が来ることを、承知していなさい。そのときに人々は、自分だけを愛し、金銭を愛し、大言壮語し、高ぶり、神を冒瀆し、両親に従わず、恩知らずで、汚れた者になります。また、情け知らずで、人と和解せず、中傷し、自制できず、粗野で、善を好まない者になり、人を裏切り、向こう見ずで、思い上がり、神よりも快楽を愛する者になり、見かけは敬虔であっても、敬虔の力を否定する者になります。こういう人たちを避けなさい。彼らの中には、家々に入り込み、愚かな女たちをたぶらかしている者たちがいます。その女たちは様々な欲望に引き回されて罪に罪を重ね、いつも学んでいるのに、いつになっても真理を知ることができません。たぶらかしている者たちは、ヤンネとヤンブレがモーセに逆らったように、真理に逆らっており、知性の腐った、信仰の失格者です。しかし、彼らがこれ以上先に進むことはありません。彼らの愚かさは、あの二人の場合のように、すべての人にはっきり分かるからです。」

使徒パウロの手紙の中には、主イエスの恵みによる救いを語る福音宣言セクションと、倫理的訓戒と呼ばれるセクションがあります。今回の聖書テキストはその後者のほうで、生き方を具体的に語っている部分となり、悪徳のリストがあげられています。罪の行為のリストが続き、読んでいて心が温まる箇所ではありません。このような箇所はどのように信仰的に読むとよいのでしょうか。皆さんにお勧めするのは、信仰生活の健康診断として読むことと、この手紙全体で語られている、イエス・キリストが罪の支配から救い出してくださったという主の恵みを土台として、十字架によって罪の誘惑と罪の支配から勝利できるということを覚えることです。

終わりの日の混乱

悪徳リストが並んでいます。パウロは帝国の中心地ローマにいます。このローマの街の倫理的な退廃状況は多くの記述が残されており、あまりに奔放で、ひどく乱れていたことが知られています。古代では一つの街に人が住める人数は限られていました。それは特に食物供給と水の供給から限界値があったからですが、この時代からローマが整えた街道を使っての食物運搬と、水道橋など革新的な水道技術の向上で大量の水の供給が可能となり、水洗トイレ設備もできるほど充実したものになりました。これらのことによって圧倒的な人数が住める街となり、その分、乱れも何倍もひどくなったのでしょう。

この状況は旧約聖書の倫理観を継承するパウロにとっては衝撃の連続だったのでしょう。ローマ人への手紙一章二九〜三一節にも別のリストがあります。「彼らは、あらゆる不義、悪、貪欲、悪意に満ち、ねたみ、殺意、争い、欺き、悪巧みにまみれています。また彼らは陰口を言い、人を中傷し、神を憎み、人を侮り、高ぶり、大言壮語し、悪事を企み、親に逆らい、浅はかで、不誠実で、情け知らずで、無慈悲です。」

この状況に、パウロは時代を「終わりの日」と表現しました。日本文化に浸透している仏教の教えにも、「末法の世」という似た響きの考えがあります。この歴史観では、「正法の世」は正しい教えで修行して悟りに入る人がいる時代、その次に「像法の世」は、外側が似ている人がいるだけで真の悟りに入る者がいない時代で、最後の「末法の世」は、正法が行われない最悪な時代である、と理解されます。痛ましい事件を見て、人々が「世も末《すえ》だ」とつぶやくのは、この歴史観が染み込んでいるからでしょう。

旧約聖書では、終わりの時代には二つの意味があります。それは「主の日」(ヨーム・ヤハウエ)と記されて、第一に罪人への神の審判が下される終末の時であり、第二の側面は、悔い改めて主に立ち返る者にとって救いの完成の時となるという聖書の歴史観です。義の実現と救済の完成が「主の日」なのです。そして、この書簡は永遠の希望への終末観に満ちています。それは大迫害によって殉教を間近にした使徒パウロの遺言書だからです。

「なぜなら、私は自分が信じてきた方をよく知っており、また、その方は私がお任せしたものを、かの日まで守ることがおできになると確信しているからです」(一・一二)。

「あとは、義の栄冠が私のために用意されているだけです。その日には、正しいさばき主である主が、それを私に授けてくださいます。私だけでなく、主の現れを慕い求めている人には、だれにでも授けてくださるのです」(四・八)。

引用した御言葉の「かの日」(一・一二、四・八)が、終末の救いの完成の時と言えるでしょう。

潜む罪への気づき

先ほど、この悪徳リストを信仰生活の健康診断と受けとめてはどうかと話しました。これらのリストを祈りながら読み進めて、自分はそんなに悪くないと拒否感で自己防衛をしながら読むのではなく、自分の心に誘惑の種はないか、罪の蔓《つる》に絡みつかれていないか、すでに悪徳の実を結んでしまっていないだろうかと問う。そして、悪習慣や罪が依存的に生活に染み込んでいる場合、生活の整理と霊的解放を必要としていることを認識するのです。誘惑者は正義を織り交ぜて、真理を用いつつ、それを歪ませながら心の陰にささやいてきます。そのことはエデンの園で人類の祖が経験したことです(創世三章)。聖書を通して心を照らしてくださる聖霊に祈り、スポットライトを当てていただいて、自分の内に潜む罪に気づくこと、それは良いことなのです。

健康診断をして、気づかなかった不健康に気づくことが健康への道になります。現代は何事も早期発見が最善の治療の道で、早ければ早いほど実際に回復に向かいます。ですから、早くに腫瘍が見つかって良かったという人が多いのです。しかし、以前は検査で良くないものが見つかると、人生計画が崩れるので、検査結果に不満を漏らす人が少なくない時代もあったようです。検査機械が見つけなくてよいものを見つけてしまったとか、自分の体の問題を見つけた医師が細かすぎるなど、つぶやくことがあったようです。しかし、本当に健康を取り戻し、健やかに長く生きるためには、健康診断を受けて適切に改善することが大事でしょう。信仰の健康診断をパウロ先生から素直に受けましょう。

パウロが掲げる悪徳リストには、表面的な罪の描写と、表面的には隠されている潜む罪が描かれます。

「見かけは敬虔であっても、敬虔の力を否定する者になります。こういう人たちを避けなさい」(五節)。

これはとても厄介なタイプの人です。内と外が異なるということは人間にはよく起きる現象です。日本人の感覚にある「本音と建前」や、パリサイ人が指摘された「偽善」もそうでしょう。

人格を表す「ペルソナ」も、もともとは「仮面」という意味の言葉が用いられているようです。多くの人間には内と外とを区別する防衛習慣の側面があるようです。だからこそ、信仰告白においては「隠れた内側」と「外側に語りだすこと」とが真実に一致することが重要になります。「告白する」は「ホモロゲオー」という言葉で、「ホモ」は「同じ」、「ロゲオー」の部分は「語る」という意味です。ですから、心の内側と外側に語る言葉が一致していること、罪責告白にホモロゲオーは用いられます。

「もし私たちが自分の罪を告白する（ホモロゲオー）なら、神は真実で正しい方ですから、その罪を赦し、私たちをすべての不義からきよめてくださいます」（Ⅰヨハネ一・九）。

そして、信仰告白でも用いられます。

「なぜなら、もしあなたの口でイエスを主と告白し〔ホモロゲオー〕、あなたの心で神はイエスを死者の中からよみがえらせたと信じるなら、あなたは救われるからです。人は心に信じて義と認められ、口で告白して救われるのです」（ローマ一〇・九〜一〇）。

そこで、この御言葉に戻ると、「見かけは敬虔であっても、敬虔の力を否定する者になります」（五節）とは、表面的には信仰深そうにふるまっているのに、信仰を否定する生き方になっているということです。非常に対応が難しいケースですが、信仰が形骸化する時に起きやすい姿かもしれません。主イエスが繰り返し偽善を指摘していることも、これに通じるでしょう。自分の内側を吟味する必要があるでしょう。

偽教師への注意

偽善的な信仰者の姿は、表面の信心深さとその内側にある不信心や利己愛をもつ者への警告として語られていきます。

「見かけは敬虔であっても、敬虔の力を否定する者になります。こういう人たちを避けなさい。彼らの中には、家々に入り込み、愚かな女たちをたぶらかしている者たちがいます。その女たちは様々な欲望に引き回されて罪に罪を重ね、いつも学んでいるのに、いつになっても真理を知ることができません。たぶらかしている者たちは、ヤンネとヤンブレがモーセに逆らったように、真理に逆らっており、知性の腐った、信仰の失格者です。」

これは偽りの教師たちが、初代の教会で混乱を起こしていたことを表しています。注意していただきたいのは、女性軽視として「女性」と「愚かさ」をセットに使っているのではないということです。「女性は愚か」と言っているのではなく、「愚かな女性」として表現し、女性の中の賢い女性と区別しているのです。実際、家庭訪問をして信仰者の家で欲望による引き回し、たぶらかし、罪に罪を重ねるという出来事が起きていたのでしょう。具体的には一節と二節に記されているリストで、これらの悪徳は、高ぶりから来る人間関係の崩壊や、不遜さ、利己愛として表現されています。

この偽教師を描写するために、「ヤンネとヤンブレ」という名前が言及されます。この名前をご存じの方はどれぐらいいらっしゃるでしょうか。出エジプト記で、ファラオに神の民の解放を願ったモーセに対峙した宮廷魔法使いがいます。彼らの名前がヤンネとヤンブレだったようです。

「モーセとアロンはファラオのところに行き、主が命じられたとおりに行った。アロンは自分の杖をファラオとその家臣たちの前に投げた。すると、それは蛇になった。そこで、ファラオも知恵のある者と呪術者を呼び寄せた。これらエジプトの呪法師たちもまた、彼らの秘術を使って同じことをした。彼らがそれぞれ自分の杖を投げると、それは蛇になった。しかし、アロンの杖は彼らの杖を呑み込んだ。それでもファラオの心は頑なになり、彼らの言うことを聞き入れなかった。**主**が言われたとおりであった」（出エジプト七・一〇～一三）。

この聖書箇所には名前はありません。実は旧約聖書のどこにもこのエジプトの宮廷魔術師の名前は記されていないのですが、彼らの名前が伝承（タルグム、クムラン出土のダマスコ文書等）で伝えられていたのです。彼らは神の奇跡の真似はできるが、似て非なる宗教的模倣品であって、真理に逆らう腐敗した知識をばらまいて、混乱が生じていたというのです。パウロはその限界を語り、先ほどの悪徳リストの逆となる信仰の実のリストを提示します。

「しかし、彼らがこれ以上先に進むことはありません。彼らの愚かさは、あの二人の場合のように、すべての人にはっきり分かるからです。

しかしあなたは、私の教え、生き方、計画、信仰、寛容、愛、忍耐に、また、アンティオキア、イコニオン、リステラで私に降りかかった迫害や苦難に、よくついて来てくれました」（九～一一節）。

「あなたは本当によくついて来てくれたね」と語るねぎらいの言葉が、どれほどテモテの心に響いたことでしょう。地名は「使徒の働き」で確認できる伝道旅行で宣教の場となった地域です。実際の宣教の旅の足跡を振り返りながら、自分について来てくれた旅の同伴者に感謝を伝えているのです。

パウロは開拓的フロンティアの宣教活動をしてきました。しかし、ここでも覚えておきたいことは、パウロは独自の称賛を得るための利己愛で働いてきたのではなく、主イエスの召しに応えて、主イエスに呼ばれ、主の背に倣ってきたことです。主イエスに従っていくパウロ、そしてその使徒に従っていくテモテ、さらにこの手紙を読み続けた歴代の信仰者たちが信仰の先輩の背に倣いながら、天への巡礼の行列としてイエス様の声に招かれて進みゆくのです。

愛の歪みから主の愛へ

この聖書箇所にあげられている悪徳リストの中に、「愛」を含む言葉が三つ登場します。「自分だけを愛する者」、「金銭を愛する者」、「快楽を愛する者」という表現です。「愛」は最上のものであるはずですが、愛が歪み、愛が病み、愛そうとするところでも悔い改めを必要とする人の過ちが表れることがあるのです。

人生の慰めを解き明かす「ハイデルベルク信仰問答」では、どのような悲惨さを人間は抱えていて、なぜ人はイエス・キリストの救いを必要としているのかを伝えるときに、愛の律法について触れます。

ハイデルベルク信仰問答（吉田隆訳）

問三　何によって、あなたは自分の悲惨さに気づきますか。

答　神の律法によってです。

問四　神の律法は、わたしたちに何を求めていますか。

答　それについてキリストは、マタイによる福音書二二章で次のように要約して教えておられます。

「『心を尽くし、精神を尽くし、思いを尽くし、力を尽くして、あなたの神である主を愛しなさい。これが最も重要な第一の掟である。第二も、これと同じように重要である。『隣人を自分のように愛しなさい。』律法全体と預言者は、この二つの掟に基づいている。」

問五　あなたはこれらすべてのことを完全に行うことができますか。

答　できません。なぜなら、わたしは神と自分の隣人を憎む方へと生まれつき心が傾いているからです。

問六　それでは、神は人をそのように邪悪で歪んだものに創造なさったのですか。

答

いいえ。

むしろ神は人を良いものに、また御自分にかたどって、すなわち、まことの義と聖において創造なさいました。

人間の悲惨さを語った後に、もともとは人間は良き者として創造されたこと、そして、罪を贖う救い主キリストがおられることが解き明かされていきます。良き存在だったが、罪深く壊れてしまっているのが人間存在なのです。

この信仰問答では、神を愛し、自分自身のように隣人を愛するという愛の律法が提示されます。それは旧約聖書のメッセージの中心であり、愛に生きることが主の御心であることは間違いないのですが、なんと神を愛し、隣人を愛そうとするところで、正しく愛せない自分に気づき、罪深さと、人間の悲惨さに気づくというのです。愛が歪んでいるとは、なんという皮肉でしょうか。けれども、その愛の歪みがいたるところにあることを実感する人がむしろ多いのではないでしょうか。

「ハイデルベルク信仰問答」の問五では、その愛の歪みのことを、「心の傾き」と表現します。神と隣人を愛そうと願いながらも、愛とは逆方向の「憎む方へと……傾いている」と語ります。傾きに気づかない人も多いようです。床は一見して平らに見えますが、おそらく傾きがあるでしょう。ビー玉を置いてみると、コロコロと転がり始めることがあります。人々を愛そうと取り組むとき、ビー玉が転がるようにコロコロと、隣人へ、家族へ、社会への愛として転がり始めますが、しだいにコロコロ……コロコロと少しずつ向きを変えて行き、自分の方向にコロコロと転がり戻って来る。そのような愛の傾きがないだろうかと見つめ直してみることです。

そのような「愛の傾き」をこの信仰問答の問六では、「邪悪で歪んだもの」と、かなり強い表現で語っています。竹森満佐一牧師は、この歪みを「さかさま」と訳します。あるべき形がひっくり返っていることが問題です。この愛の歪みについて、こう理解してはどうでしょう。健全な愛のトライアングルがある。神を愛することが三角形の頂点になります。そして底辺の角に隣人への愛があり、また、もうひとつの角に自分を大切にする愛（セルフ・テンダー・ケア）があります。

この愛のトライアングルの転倒や歪みが、もしかすると壊れた神の像、言い換えると傷んだ本来の人間性とも言えるのかもしれません。隣人愛よりも自己愛が肥大化したり、あるいは頂点にあるはずの神様への愛に取り替わるように自分への愛がその位置を占めたりしているのが、この聖書テキストの悪徳リストにある「自分だけを愛する者」、「金銭を愛する者」、「快楽を愛する者」という三つであると理解できます。また、別の視点で、自分を大切にする愛（セルフ・テンダー・ケア）がやせ細っている状態も、愛のトライアングルがいびつで不健康な姿と言えるでしょう。肥大化した自己愛でもなく、あるいは自己配慮の喪失でもなく、神を愛し、隣人を愛し、自分を適切に愛することを学んでいきましょう。

パウロは一章七節で、「神は私たちに、臆病の霊ではなく、力と愛と慎みの霊を与えてくださいました」と語っています。また、一章一三節でも愛を語ります。「あなたは、キリスト・イエスにある信仰と愛のうちに、私から聞いた健全なことばを手本にしなさい。」先ほどの愛のトライアングルは、愛の三つの対象として健全な愛の出力先を提示します。この一章七節と一三節のほうはむしろ受ける愛、すなわち入力ポイントです。放送器具など電子機器を設定していくときに、電気の入力と出力、データの入力と出力を注意深く接続していくものです。同じように、私たちは神様の愛の道具として、エネルギーの入力が必要です。それは、主イエスから与えられる愛であり、それを受け取ることがどうしても必要なのです。

先ほど引用した一章一三節に「あなたは、キリスト・イエスにある信仰と愛のうちに」とあります。私たちが健康な愛に生きるために、私たちはキリストの愛を受け、信仰によってキリストの愛に結ばれ、キリストの愛のうちにとどまり続けることから、愛の奉仕に生きる者とならせていただけるのです。

あるご夫妻がイエス様を信じて洗礼を受けてクリスチャン

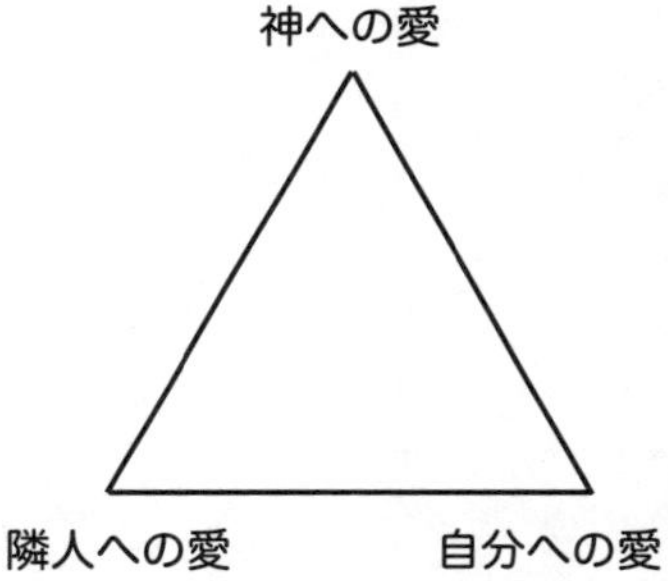

になりました。そのときの気づきは、自分の愛の欠乏とキリストの愛の必要性だったという証しを聞きました。里親の奉仕を長年続け、心の傷ついた子どもたちを家庭で受け入れて、育んでいく働きを続ける歩みで、挫折するときがある。問題行動に対して挫折するのではなく、その子たちを受け入れる自分の愛の欠乏に挫折したのです。ご婦人が決断しました。「私のうちにも愛はある。しかしこの傷ついた子たちを愛するには私の愛では足りない。私にはイエス様の愛が必要！」と。

21　キリストに倣い生きる

〈Ⅱテモテ三・一〇～一五〉

「しかしあなたは、私の教え、生き方、計画、信仰、寛容、愛、忍耐に、また、アンティオキア、イコニオン、リステラで私に降りかかった迫害や苦難に、よくついて来てくれました。私はそのような迫害に耐えました。そして、主はそのすべてから私を救い出してくださいました。キリスト・イエスにあって敬虔に生きようと願う者はみな、迫害を受けます。悪い者たちや詐欺師たちは、だましたり、だまされたりして、ますます悪に落ちて行きます。けれどもあなたは、学んで確信したところにとどまっていなさい。あなたは自分がだれから学んだかを知っており、また、自分が幼いころから聖書に親しんできたことも知っているからです。聖書はあなたに知恵を与えて、キリスト・イエスに対する信仰による救いを受けさせることができます。」

教えと生き方に倣う

今回の聖書箇所で使徒パウロは、希望のまなざしで共に歩もうと読者を招いています。一

○〜一一節に、「しかしあなたは、私の教え、生き方、計画、信仰、寛容、愛、忍耐に……よくついて来てくれました」と記されています。「ついて来てくれました」を「〔私に〕倣い」とする訳もあります（聖書協会共同訳）。ついて来て、共に歩むという意味で、英語では「フォロー」と訳されます。「従う」と訳される「アコリューセオー」の前に「パラ」という接頭辞がついて「そばに」という意味が強調されています。パウロ先生はテモテに、「そば近くを旅してくれたね。そして、私に非常に近い生き方で信仰の旅を進んで来たね」と語りかけているのです。

「倣い」という訳は、パウロ先生から学び、「教え、生き方、計画、信仰」を継承して進んできた姿があらわれます。殉教前のパウロが、若き伝道者テモテに語る遺言の書がこの手紙ですから、これらのキーワードはパウロ先生の人生の場面を想い起こさせたはずです。そばで旅をしてきたテモテは、パウロ先生の信仰、寛容、愛、忍耐と、一語ずつ重みをもって受けとめて読んだことでしょう。実際に宣教の旅で共に経験した事々です。

「学び」という日本語は「まねび」に由来すると聞いたことがあります。学びは知識習得だけではなく、実学として先生の生き方をなぞり、共に踏みしめる「まねび」によって身につけていくものでもあります。ですから、日本では精神性を伴う教えには「道」がつき、書道、茶道、柔道、華道、剣道など、先人の道をまねびながら習得していくことと表現されます。所作にいたるまでフォームとしての型があり、その動きに深い意味が込められています。

精神性が失われて、意味喪失で形だけが残ると形骸化と呼び、フォームとしての型が死んだ骸と化しますが、そうならないように生き方と精神性の両方を継承していくように努めていくのです。

テモテはパウロ先生から学んできました。そして聖書が描写するように、使徒たちと、初代の信仰者たちは主イエスから学んできた存在です。主イエスに倣う弟子たちが、次の世代にまねびを通して信仰を手渡していきます。私たちは信仰を伝えるときに、どのようにライフスタイルと大事な本質とを手渡すかが問われています。表面的な生活の型だけ、あるいは禁止事項を律法主義的に伝えるのではなく、主イエスの恵み深さに生きることを手渡していけるでしょうか。

今、教会学校の子どもたちと信仰入門講座を一緒に学んでいます。イエス様の十字架の救いを分かりやすく伝えるのですが、子どもたちは純粋に向き合うときに、罪からの救いを受け入れていきます。そのときに、単純な罪を犯さない、正しく生きる、立派なクリスチャンになろうとします。まっすぐだけれども、どこか道徳主義的な正しさを掲げるような姿になりがちですから、それを乗り越えて恵みに生きる信仰者の姿を伝えようとする手引きを一緒に学んでいます。そのために、イエス様の御心を求めつつ生きる、祈りの聖書日課（ディボーション）の勧めを読み、実践していくプログラムにしています。ところが、ディボーションこそ、すぐに律法主義に陥りやすいのです。それでもやはり主の恵みに触れる「恵みの手段」として役立ちます。温かいいのちに触れる御言葉の読み方に触れ続けていくことを、子どもたちと一緒に実践していくことが大切です。「聖書を読むときに、ひとこと恵みの言葉を見つけようね。堅い『べき』を見つけるのではなく、イエス様の声を聴き取るんだよ。イエス様がこの私を愛してくださっているからね」と。

子どもたちだけでなく、大人の信仰者も御言葉でいのちに触れて、主の恵みに生かされていくことが大切でしょう。そして、長い教会生活ではそれぞれ人生の苦難と直面する時があるのですが、そのときに聖書の御言葉が恵みの言葉として私たちを生かすことを共に経験することが、ここでパウロがテモテに語る「私の教え、生き方、計画、信仰、寛容、愛、忍耐に（倣う）」（一〇節）ということなのでしょう。

信仰・寛容・愛・忍耐

「教え」とは「健全な福音理解」のこととして、パウロは繰り返し語っています（一・一三、二・一四〜一八、テトス一・一三）。「計画」は自分の使命に生かされて、主に仕えていく旅路を整えることです。「寛容」の教えとは、ふところ深く様々なタイプの者を受け入れて、共に主イエスに仕えていくことです。広き深き心が与えられて、自分とは違う人を受け入れる寛容を示すのです。

そして「愛すること」を、倣いながら学んでいく。これは口にするには難しくないとしても、実践することにはチャレンジがあります。ある研修会で、経験豊かなⅠ牧師が若い牧師たちにアドバイスする場面がありました。教会は「互いに愛し合う」という教えに生きようとするけれども、そこで悩み、ぶつかり合い、痛むことがあると、実際に起きている事柄が話題に出ました。互いに傷つけようと願っていなくても、熱心な善意と善意とがぶつかり合って傷になることがある、と。Ⅰ先生はその話をうなずきながら聞いて、こう答えられました。自分が牧会している教会でも、若いママさんたちが一生懸命に奉仕をするときに、やり方や価値観のズレでぶつかってしまうことがあった。そのときに、牧師に相談に来て、「もう、あの人とは離れていいですね。愛せません」と言ってきた。Ⅰ先生はそのようなときには、こう答えることにしているとして、「自然に愛せる人だけを愛そうとするならば、なんでクリスチャンになる必要があったの。あなたがクリスチャンにならなくても愛せたでしょう。自然には愛せない人を、愛し、赦し、共に生きるために、イエス様を信じたのでしょう。あなたがイエス様を信じたのはこの時のためですよ」と言われました。難しい人を愛するために、イエス様の愛とつながるというのです。

私は、このⅠ先生の言葉が深く心に響きました。教会員同士のことだけでなく、牧師である私自身が問われ、招かれ、そして「愛すること」を、イエス様とつながるところで学び直していきたいと思えたのです。どのようにイエス様が十字架でご自身の愛を示してくださったかを深く何度も受けとめ直していくところで、主の愛を学び、主の愛に倣う旅路が進むのです。

寛容と愛は、忍耐強く主に従っていくことによります。「忍耐」は長く続く苦しみやストレスの中で、粘り強く生きる資質です。現代人はとてもせっかちで、ストレスに弱いと言われます。ですから、信仰的な耐性力を学び直す必要があるのだと思います。この手紙が書かれたとき、教会は激しい迫害の時代にあって、苦難の中で希望を握って待ち望みました。確かに苦難は大きいとしても、苦しみがあるかどうかが幸いと不幸とを決定づけるのではなく、苦難の中で主イエスとの交わりに生きられるかどうかが、希望が失われない信仰の歩みの鍵ではないでしょうか。

敬虔に生きようとする者への迫害

主に倣う道は楽な道ではありません。一二節に「キリスト・イエスにあって敬虔に生きようと願う者はみな、迫害を受けます」とあります。「迫害を受ける」。信仰的生き方のゆえに、社会で難しい軋轢が生じて、その中で生きていくこと。あるいは、信仰を否定する者が現れて、対立的な関係に直面すること。この書簡が記されたのは、悪名高いネロという残虐なローマ皇帝の時代で、キリスト者への焔のような大迫害が起きていましたので、迫害の内容についての説明は不要だったことでしょう。文字どおりの迫害を使徒パウロは受けて、牢獄に捕らえられていました。日本にもキリシタン禁令の長い迫害の時代がありました。先達の一粒の麦として証しされた歩みのゆえに、主の御名をあがめます。この時代は激しい迫害への心備えをもって信仰の道を歩みました。

しかし、そのような暴力的な迫害に直面しない環境に生きられる現代の社会にあっても、信仰に生きようとするときには、生きづらさを経験するものです。キリスト教文化圏とは異なり、異教社会でのキリスト者が心の深いところで心得ていなくてはいけないことでしょう。パウロ先生が明確に諭している、「キリスト・イエスにあって敬虔に生きようと願う者はみな、迫害を受けます」(一二節)ということです。社会で、学校で、また家庭でも、そんな迫害などあるはずがない、むしろすべてがうまくいくはずだと思いたい、その思いを主イエスに預けて、むしろこの生きづらさを感じる社会で、「私は主に従おう」という生き方に招かれているのです。

ある高齢の牧師がこう言いました。「川の流れにプカプカとただ流されている魚は、死にかけている魚です。生きた魚は流れに逆らって川を泳ぎます」と。現代人は空気を読むこと、人の心への気配りに長けている傾向があると言われますが、世の流れを見ながら、上手に衝突を避け、キリスト者としての信仰の塩味を失うならば、ただ活力なく流れに身を任せている魚のようではないだろうかと問われるのです。使徒パウロは、「できる限り、すべての人と平和を保ちなさい」(ローマ一二・一八)と語り、また、「キリスト・イエスにあって敬虔に生きようと願う者はみな、迫害を受けます」と語るのです。

悪しき業からの解放

世の中には様々な悪徳があります。パウロはこう語ります。「悪い者たちや詐欺師たちは、だましたり、だまされたりして、ますます悪に落ちて行きます」（一三節）。ここに罪のリストが登場しますが、三章一節から罪を列挙することが繰り返されています。「終わりの日には困難な時代が来ることを、承知していなさい。そのときに人々は、自分だけを愛し、金銭を愛し、大言壮語し、高ぶり、神を冒瀆し、両親に従わず、恩知らずで、汚れた者になります。」これらの罪のリストを指摘するパウロ先生は悪しき行為を非難しながらも、実際はそういう罪に陥り悩む者たちのために、彼らを導き、悪習慣から解放されるために奉仕してきたのではないでしょうか。

そのように私が感じる背景として、自分が育った教会で教会学校の先生をしてくださった佐藤敏先生が、後に神学校に行って牧師になり、横浜の寿町でホームレス伝道をするようになったことがあります。寿町は歴史的に日雇い労働者に溢れて形成された港町ですが、日本中の多くのホームレスの人たちがたどり着いたところで、そこには、生活支援を受けている人と、また多くの段ボールハウスに住む方々がいらっしゃいます。私もそこでの支援活動と路傍伝道のお手伝いをしたことがあります。「愛と祈りのパトロール」という訪問活動では、何百個というおにぎりを準備して、公園や地下通路にある段ボールハウスを巡り、おにぎりを二個ずつ配り、それぞれのためにお祈りします。返事がない方に、段ボールをトントンとして「おにぎり置いておきますね。お祈りします」と、祈り始めると、段ボールの中から「うるさい！」と怒鳴られて、私はあわてて「起こしちゃってごめんなさい」と返したことがあります。そのようにしながら、佐藤先生は見回りをして、凍えている人や病人を見つけると保護したり、福祉の生活支援と連携をとったりしておられます。身近なところに博打、暴力、深酒、反社会的な活動などがあり、福音に応答して集会に集う人たちには、「この悪習慣はやめなさい、あの悪い関係を清算しなさい」と、ときには真剣に指導する場面も目にしました。そこには、キリストの福音に出会った人に心身と霊の健康を取り戻してほしいという伝道者の愛が込められており、元ホームレスで共に奉仕するスタッフの方々の明るさとあたたかさがありました。私はそのことが身に染みたことを覚えています。

パウロ先生が、悪徳リストを用いて鋭く指摘している背景には、悪事を断罪するためではなく、街角で生活支援をしながら伝道している牧師のように、罪に陥り悩む者たちのために、彼らを導き、悪習慣から解放されるために奉仕してきた愛の労があったのではないでしょうか。

御言葉を手渡した人たち

悪徳と悪習慣から離れて、主に倣う健全な生き方へと招くパウロの言葉には、人々の人生を変革するほどの力がありました。人は正しい教えだけでは自分自身を変えられないといわれます。神の恵みによって強めていただく必要があります。パウロはテモテに、自分のうちに宿っている御言葉を思い起こさせます。「けれどもあなたは、学んで確信したところにとどまっていなさい。あなたは自分がだれから学んだかを知っており、また、自分が幼いころから聖書に親しんできたことも知っているからです。」テモテにとって、確信をもっている福音理解にとどまるとは、エペソの街で信仰者を守る牧会の働きという役割を指しているのかもしれませんが、テモテ自身の霊的形成のために心の内に聖書の言葉が宿っていて、健全な信仰を手渡してくれた人々の証しを思い起こすようにと促しているようです。

「自分がだれから学んだか」。信仰生涯を歩み、地上の生涯は不完全や弱さが見えたとしても、主の真実に支えられて恵みの生涯を歩んだ方々を覚え、特に福音は本物だと教えてくれた方々を忘れないようにと勧めています。私自身も振り返ると、先ほど紹介した佐藤敏牧師は教会学校の先生として私の生涯に関わり、キリストの愛に生かされ、世界の破れ口に立ち続ける信仰者の姿を伝えてくれました。また、神学校の恩師たち、留学中に私にとって信仰の新しい領域を、ご自身の存在を込めて伝えてくださった先生たち……。自分の信仰形成に参与された方々を思い浮かべます。それは、母であったり、教会の長老であったり、信仰の友であったり……。「自分がだれから学んだか」と考えるとき、そのような信仰の感化を与えてくれた方々を想起します。

初代教会の歴史を研究されたアラン・クライダー先生のご自宅に生徒たちが招かれたとき、

授業の延長で、初代教会の文献を参考に「アガペー（愛餐）」と呼ばれる食事会をもちました。聖餐式ではなく、それと似た、主の十字架の愛を想起する信仰的プログラムになっていました。聖書朗読箇所や祈りの割り当てなどがあり、プログラムの中に、自分に信仰を手渡した方の名前をあげてから、感謝の祈りをささげるという時がありました。神学校ですので、教師たちの名、育った教会の牧師の名、またすでに地上の生涯を終えた神学者の名もあがり、その出会いを与えてくださった神様に感謝をささげました。そのような習慣が初代の教会にあったと知り、深く教えられました。

「自分が幼いころから聖書に親しんできたことも知っているからです。」このテモテへの手紙第二の冒頭に、テモテが祖母ロイスと母ユニケから信仰を受け継いだことが書かれています。幼きころから聖書に親しみ、育まれたことは、なんという祝福でしょうか。そして、祖父母や両親の信仰の感化は、聖書が次世代育成で大切にしていることです。

第二次世界大戦の後、東ヨーロッパや、旧ソ連圏では信仰が制限されて、唯物論教育が進められていった時期がありました。社会学者たちはおそらく共産圏では信仰者はいなくなっていくだろうと予測したそうです。しかし不思議なことにその予想は裏切られ、東ヨーロッパの厳しい状況下で次世代の信仰者が育っていたのです。何によってか。おばあちゃんの膝の上で語り聞かされるバイブルストーリーは共産主義の唯物論教育よりもずっと力強かったということです。

救いの知恵

「聖書はあなたに知恵を与えて、キリスト・イエスに対する信仰による救いを受けさせることができます。」この聖書に関する言葉は非常に重要であり、続く三章一六節は多くの人が暗唱する大切な聖書理解の土台となる御言葉です。この一五節は、再度学び直しますが、聖書とは何かを二つの内容で語ります。

一つ目は、聖書とは救いの知識を与える書であるということです。真理の言葉です。科学的に真理か、誤りがあるか・ないかという議論が続いてきました。歴史の中で神が信仰者を用いて書き記した言葉を、間違いなく真実な神の言葉と信じることが福音主義の教会に属する信仰です。そこには強調点があり、「救いの知識」という焦点があることを認識しましょう。そして謙虚に科学や学問と対話し続けていくのです。学問も真理追求の発展途上のものです。後の時代には、今以上に理解が深まっている科学的知識もおそらく多くあることでしょう。謙虚に学び続けていくことです。しかし、聖書には「救いの知識」という明確な確さがあります。「私が救われるに十分な真理が聖書に証しされている」ことを、使徒パウロは明言しています。

二つ目は、聖書はキリストを証言する言葉であるということです。「聖書はあなたに知恵を与えて、キリスト・イエスに対する信仰による救いを受けさせることができます。」救いは、主イエスによる救いを信じ受け入れ、主イエスを信頼するところで与えられます。イエス・キリストを知ることの素晴らしさに、聖書は私たちを招き入れるのです。

22　神の霊の息吹を受けた聖書

〈Ⅱテモテ三・一五〜一七〉

「また、自分が幼いころから聖書に親しんできたことも知っているからです。聖書はあなたに知恵を与えて、キリスト・イエスに対する信仰による救いを受けさせることができます。聖書はすべて神の霊感によるもので、教えと戒めと矯正と義の訓練のために有益です。神の人がすべての良い働きにふさわしく、十分に整えられた者となるためです。」

テモテへの手紙第二を読み進めてきましたが、今回の聖書箇所は非常に大切な聖書テキストです。それは、聖書自身が聖書についていったい何であるのかということを明言する証言がここにあるからです。少し硬い表現で言い直しますと、聖書論の土台となる聖書箇所と言えるでしょう。こんなにも明確に聖書の本質を証しする箇所がほかにあるだろうかと思うほどです。私たちが大事にしている神の御言葉、その御言葉の本質を知るうえできわめて重要です。私たちの信仰は、御言葉に聴き、御言葉に生かされ、御言葉からいのちを得て歩んでいくものです。今日は御言葉信仰の意味を学んでいきましょう。

聖書に育まれる幸い

「また、自分が幼いころから聖書に親しんできたことも知っているからです。聖書はあなたに知恵を与えて」。この一五節は前回も学びました。この手紙の受け取り手のテモテは、信仰を受け継いだ人物でした。祖母ロイスと母ユニケによって育まれました。父親はギリシア人であるとあり、クリスチャンであったかどうかは記載がないので分かりませんが、教会に理解があったであろうと思われます。ユニケとロイスが子どもに聖書に親しむことを教えたということはとても素晴らしいことです。こうして、御言葉に生きようと願うクリスチャンホームが育まれます。

以前、日本ホーリネス教団には大島泉の家というキャンプ場があり、長期休暇のときに、多くの若者がバイブルキャンプに集いました。プログラムとしてディベート討論をしました。選ばれたテーマは、「クリスチャンホーム育ちが良いか」、それとも「ノン・クリスチャンの家庭から救われたほうが良いか」というテーマで、グループに分かれて討論をしました。チームとして若者は主張します。「クリスチャンホーム育ちがうらやましい。だって聖書を大事にする人たちに囲まれて育つなんて祝福だと思う。うちの父は、ひどいことばかり口にして、もっと穏やかで安心する家で育ちたかった」と。そのポジションに対して幼少期から教会で育ったクリスチャンホーム出身の若者たちは主張します。「ノン・クリスチャンから救われたほうが良い。強制的に礼拝に出させられてきた。たまには日曜日に友だちと遊びに行きたかった。劇的な回心経験があって、救いがはっきりしてうらやましい」と。双方からの討論は白熱していきました。しかし、ある女性がクリスチャンホーム育ちの若者たちにこう訴えかけました。「あなたたち、親から、そして教会から〝祈られて育つ〟ことが、どれほど祝福か、なんで分からないの！」と。その叫びのような主張が場を静まらせ、説得力をもったのです。

どちらの人生もそれぞれ尊く主イエスは出会ってくださったのですが、この書簡にあるように、「また、自分が幼いころから聖書に親しんできたことも知っているからです」というリアリティがなんと豊かな恵みであるか、受け取り直す必要があるでしょう。

私は、小学一年生のときに洗礼に導かれました。洗礼準備会でイエス様の十字架が自分の罪のためであると、幼いながらに心から信じ、洗礼を授けていただきました。そのとき、配布用のマタイの福音書の分冊をもらいました。嬉しくて嬉しくて、それを読み始め、読んだ言葉を何度も何度も線を引き、ほんとんどのページが真っ黒になっていきました。大人の目には線を引き過ぎに見えたのでしょう。「ほまれくん、全部線を引かなくてもいいんだよ」と言われたのを覚えています。今、振り返ると聖書を読むこと自体が嬉しく、子どもなりの乏しい理解だったと思いますが、神様からの恵みに触れる喜びだったのだと思います。聖書を読み、聖書を学び続ける喜びは、今にいたっても続いています。

聖書の性質とは

この聖書の本質について、この書簡は語ります。三章一六節が有名なのですが、今、開いている一五節からのつながりで理解することが重要です。翻訳によっては段落や表題で一五節と一六節の間に区切りを入れているものもありますが、ここにはつながりがあると言えます。すなわち、一五節の「聖書はあなたに知恵を与えて、キリスト・イエスに対する信仰による救いを受けさせることができます」という言葉は、有名な一六節の「聖書はすべて神の霊感によるもので……」という言葉とひと続きとして理解することがとても有益なのです。

使徒パウロが神の霊感によると主張する書物は、一五節では、その聖書の内容が（A）キリストを証しするものであり、その役割は（B）救いの知恵を与えると語ります。そして一六節では、聖書の性質が（C）神の霊感によること、さらには（D）基準としての正典であると読み取ることができます。

神の霊感による聖書

「聖書はすべて神の霊感によるもの」。聖書の言葉の内容、役割、性質、基準の四つの側面が表れていると言いましたが、まず性質としての「神の霊感による」ということから見ていきましょう。

私たちにとって聖書は神様の御心を聴き取る大切な書物ですが、今回の聖書箇所のように、丁寧にその特徴を明示する聖書箇所に触れて、それを受けとめていくことができるのは幸いなことであると思います。このように、聖書の内容としてのキリスト証言、役割としての救いの知恵、性質としての神の霊感、基準としての正典と理解できること、このような聖書の表現を、構造をもってとらえる手法を聖書神学的理解と呼びます。その中でも、神の霊感は聖書信仰の生命的な部分です。

「神の霊感によるもの」という言葉を、教理では概念化して「セオプネウマトス」というキーワードで把握します。補足として、この聖書箇所でのギリシア語では、セオプネウストスと少しだけ表記に揺らぎがありますが、一般的に言われるセオプネウマトスをここでは同じ意味で用いることにします。分解しますと「セオ」は神様を意味する「セオス」で、この語がラテン語になると「デウス」です。「プネウマ」の部分は「霊」を意味します。よく「プニューマ」と表記する方もいらっしゃいますが、それは英語なまりのギリシア語のカタカナ表記です。この「プネウマ」は、ヘブライ語の「ルアッハ」と同じように、霊と息と風の三重の意味をもちます。ですから「プネウマ」は、素晴らしき福音を伝える言葉であるのですが、聖書翻訳者を悩ませる言葉でもあり、「霊」の意味でも人間の霊のことか、それとも神の聖霊のことか、あるいは息、それとも風と選択肢が多いのです。

このテモテへの手紙第二、三章一六節ではセオ（神）とつながって用いられているので、神の聖霊と見ることが適切でしょう。しかし、それと重なるようにして、「神の息吹」と読み取ることもできます。創世記の始まりで人間が造られたときに、「神である主は、その大地のちりで人を形造り、その鼻にいのちの息を吹き込まれた。それで人は生きるものとなった」（二・七）とあるように、神様はご自身の息吹を用いて、この世界で御業をなさいます。
また、よみがえられた主イエスが弟子たちに語られます。

「イエスは再び彼らに言われた。『平安があなたがたにあるように。父がわたしを遣わされたように、わたしもあなたがたを遣わします。』こう言ってから、彼らに息を吹きかけて言われた。『聖霊を受けなさい』」（ヨハネ二〇・二一〜二二）。

この「聖霊」を受けなさい、と訳されているのが「プネウマ」で、息を吹かれているので「息」を受けるというのが表面的な出来事ですが、意図を受けとめ直して、息と重なる意味で「霊を受けよ」という意図として解釈しています。ですから、セオプネウマトスは、「神の息吹」、「神の霊的働きかけ」の意味ですが、それをすでに教理的に定着した「神の霊感(inspiration)」と理解するのです。
この重要な内容を、パウロ先生は一語で言う言葉の強さをもっている説教者でした。日本語では文節で区切ると、「神の」、「霊感に」、「よるもの（口語訳＝を受けて書かれた、新共同訳＝導きの下に書かれ）」と、三語以上を用いないと訳せない内容を、おそらくパウロ先生の造語と言われますが、たった一語のセオプネウマトスと言いきるのです。もし日本語で一語で訳すならば、「神的息吹」や「神的霊感化」というような硬い表現になるでしょうか。

考えてみますと、たいへんありがたいことです。神様が私たち人間に、人が分かる言葉を用いて語りかけてくださるのですから。天地万物の創造者である神様が小さき人間に、しかも罪深さを抱える人に、ご自身のいのちの息吹を注ぐように言葉をかけてくださる。この神様の顧みとしての御言葉について、学生伝道に取り組むメッセンジャーが、「神様のラブレターを聞こう」と若者に呼びかけるのを聞きました。神様はいのちの息を吹き入れるように、ご自身の霊を注いで、霊感をもって執筆者を用いて、すなわち主の愛が吹き入れられた言葉として、私たちに届けてくださったということを覚えたいと思うのです。

主はご自身を啓示してくださいます。美しい自然を通して大いなる創造主を知らせる一般啓示もありますが、その大いなる方はこういう神であると、畏怖感覚をより具体的に示す特殊啓示として、聖書を備えてくださったのです。この聖書が書かれるために、神がご自身の霊の息吹をもって歴史上の筆記者たちを用いてメッセージを書き記してくださった。そのことを神の霊感・聖書霊感と呼ぶのです。

キリストを証言する救いの知恵

「聖書はあなたに知恵を与えて、キリスト・イエスに対する信仰による救いを受けさせることができます。」　この御言葉は、聖書とはキリストを証しする書物であるということと、キリストを信じることによってもたらされる救いの知恵が書かれているということを伝えます。イエス・キリストと、救いの知恵、この二つが、聖書が焦点を当てている内容である、と使徒パウロは語るのです。

聖書がフォーカスしている真理の内容をしっかり把握することは大切です。聖書は真理の書です。聖書に書かれていることはすべて真理であると信じるのが、福音主義と呼ばれる教会の立ち位置です。しかし、旧約聖書が書かれた紀元前の世界、また新約聖書が記された一世紀という古代の世界観で著者たちが観察できる描写が、近代以降の科学的な世界観との間にギャップを生じさせるときに、どちらかが間違っているという議論に発展しやすい状況が歴史の中で発生しました。

最も知られているのは天動説と地動説です。古代より占星術は盛んで、そこに運命が描き出されていると思って、人々は天体の不思議な動きについて研究しました。第一の天としての「大空」、第二の天としての「星々の世界」、第三の天としての「霊的天」、そしてその霊的な天には、さらにいと高き所があって、創造主の玉座があるという世界観がありました。その第二の天の領域のこととして、古代の学者たちは天体の動きを探ったのです。たとえば、イエス様がお生まれになったとき、それを祝いに東方の博士たちが訪れました。星の動きに「ユダヤ人の王の誕生」を予見したというのです。これには、彗星や流れ星を目撃したのだという説もあります。あるいは、木星と土星の接近が確認されているので（紀元前六年）、土星は王の星、木星は安息の星であり、そこから安息（シャローム）を重んじるユダヤ人の王という解釈が生じた可能性も指摘されています。このような星々を見つめる世界観と、太陽系の一つの星として地球を理解する宇宙理解とで、地動説—天動説の論争になります。現代人は地動説を常識としていますが、実際に旅先やアウトドアで夜空を見上げるときには、天動説的な感覚を保持しながら美しさに見とれるものです。大地に立つ一人の小さな人間の観測点の視座においては、天が動いているというのは必ずしも誤りとは言えない体感的真実であるのではないでしょうか。

科学的知識も研究が進むと、新説によって常識が覆され続けていき、そのため、何が正解かは、その時代ごとの探求のプロセスによるといわれます。聖書と科学という主題では、歴史上には多くの議論、対立、迫害、つまずきが起きてきました。しかし私たちが覚えておきたいことは、聖書が科学発展の足かせになるような真理独占を意図した書物ではなく、聖書の真理にはフォーカスがあるということを忘れてはならないということです。それは、イエス・キリストによる「救いの知恵」という内容を証ししているということです。これは単なる聖書の目的範疇を理解しようというのではなく、聖書の読み手である私たちに深く関わることです。イエス・キリストが私たちを救うために、豊かな信仰に導き入れるために、ご自身を現してくださったこと、それを聖書が私たちに聖霊によって分からせてくれるのです。

そのような意味で、聖書は「キリスト・イエスに対する信仰による救いを受けさせること」ができると語り（一五節）、キリストを証しして、キリストを信じることができ、その信仰によって救われるということ、それゆえ、キリスト証言の書であるということです。

このように聞くと、ある問いを抱く人もあるかもしれません。使徒パウロが書簡を書いている時代には新約聖書は形成中で、この時代に聖書と呼ぶ文書群は旧約聖書のはずではないか、それらがイエス・キリストを証ししているということなのか、と。この問いを、教会では旧約聖書の救い主の到来の約束と、新約聖書における成就の関係に位置づけて受けとめます。他の書物、例としてヨハネの福音書でも、旧約聖書に言及しつつ、それはキリストを証ししていたと繰り返し述べます。

「『あなたがたの父アブラハムは、わたしの日を見るようになることを、大いに喜んでいました。そして、それを見て、喜んだのです。』そこで、ユダヤ人たちはイエスに向かって言った。『あなたはまだ五十歳になっていないのに、アブラハムを見たのか。』イエスは彼らに言われた。『まことに、まことに、あなたがたに言います。アブラハムが生まれる前から、「わたしはある」なのです。』すると彼らは、イエスに投げつけようと石を取った。しかし、イエスは身を隠して、宮から出て行かれた」（ヨハネ八・五六〜五九）。

「もしも、あなたがたがモーセを信じているのなら、わたしを信じたはずです。モーセが書いたのはわたしのことなのですから」（同五・四六）。

「『主は彼らの目を見えないようにされた。

また、彼らの心を頑なにされた。

彼らがその目で見ることも、
心で理解することも、
立ち返ることもないように。

そして、わたしが彼らを癒やすこともないように。』

イザヤがこう言ったのは、イエスの栄光を見たからであり、イエスについて語ったのである」（同一二・四〇〜四一）。


このように主イエスは、父祖アブラハム、モーセ、預言者イザヤは受肉前のキリストの目撃者であり証言者であると語り、さらに旧約聖書全体についてこう語ります。

「あなたがたは、聖書の中に永遠のいのちがあると思って、聖書を調べています。その聖書は、わたしについて証ししているものです」（同五・三九）。

さらには、執筆されている新約聖書の一部としての福音書自体についても、信仰へ導くキリスト証言の書物であり、永遠のいのちに招き入れると語られています。

「これらのことが書かれたのは、イエスが神の子キリストであることを、あなたがたが信じるためであり、また信じて、イエスの名によっていのちを得るためである」（同二〇・三一）。

基準としての正典

「聖書は……教えと戒めと矯正と義の訓練のために有益です。神の人がすべての良い働きにふさわしく、十分に整えられた者となるためです。」

聖書とは何かということを理解するうえで、聖書を正典として受けとめることは、とても大切です。神の霊感によって記され、キリストによる救いの知恵を証しする聖書は、信仰生涯と教会の基準となります。この基準を「正典（キャノン）」と呼びます。この牧会書簡では「教えと戒めと矯正と義の訓練のために有益です」と記されていますが、キリスト者の生活の基準となり、健全な姿を形成するものが聖書であるということです。

信仰の基準としての「正典」は、「聖い」という文字を使う「聖典」とは区別して覚えてください。「聖典」は宗教の経典を意味して、それぞれの宗教・宗派がそれぞれの教えの書として用いるものを指します。その意味では聖書は、キリスト教、ユダヤ教など聖書由来の教えの聖典とみなされることも適切でしょう。しかし、ここで「正しい」の文字を用いる「正典」という場合には、信仰の基準という意味で確かな土台となることを意味します。

私の恩師である小林和夫牧師は、この正典を説明するときに、時計のイメージで語られました。小林先生の時代には、時計が刻む時刻が合っていて当たり前ではなく、ずれることがよくあったようです。特に高級時計の中には自動巻きの高い技術のものもあったけれども、時間のずれが起きやすいものも多かったということです。時刻を刻む時計は、基準に即していることが一番大切であるとのことです。地球は太陽の周りを回り、また地球自体も自転しています。その太陽との関係で一日を昼と夜に分け、午前と午後をそれぞれ十二に区分し、二十四時間に分けていく。これは古代のエジプトで、またローマ帝国でも用いられてきた時間区分ですが、地上に住むものは太陽を基準に時間を知るというのです。それが現代まで続いている。基準は大きな太陽であり、その関係性で時間を知る。小林先生は、時計にとって最も大切なことは金の素材でできているとか、宝石の装飾があるとか、有名なデザイナーによるなどではなく、基準に即して時を刻んでいるかであると語られます。同じように、信仰者にとって、外からの見栄えではなく、基準（キャノン）である聖書に自分を合わせながら信仰生活を整えて、教会を形成していくことが非常に重要なのです。

後に教会会議で聖書六十六巻（旧約聖書三十九巻、新約聖書二十七巻）が正典として定められていきました。長い中世のローマ・カトリックの時代には、旧約聖書と新約聖書の時代の間に記されたとされる外典も第二正典（「旧約聖書続編」という表現もある）として信仰書として用いられましたが、プロテスタントの伝統では、特に「ウェストミンスター信仰告白」（第一章「聖書について」の第二項）では旧新約聖書六十六巻を書名で明記しています。この御言葉によって生きるのが健全な信仰です。

「神の人がすべての良い働きにふさわしく、十分に整えられた者となるためです。」御言葉に生かされて、十分に整えられることを目指していく。この「整える」は多くの英訳では「イクイップ（装備する）」と訳されます。世の秩序、悪の力、様々な誘惑の中を生きる信仰者にとって、信仰の戦いの備えとして良き健全なライフスタイルを装備する必要があるのです。その戦いですが、暴力的な、あるいは対立的な闘争ではなく、主の御心と良き業に生きるチャレンジを意味します。

アメリカのカリフォルニア州で、イクイッパー・カンファレンス（通称ＥＣ）と呼ばれる日本語と英語のバイリンガルの青年大会がもたれます。その大会には、アメリカで信仰をもった日本人クリスチャンがたくさん参加します。日本人留学生や駐在のファミリーの中には、母国から離れた外国でクリスチャンに出会い、教会の交わりで育まれ、イエス様と出会ってクリスチャンになる人が大勢いるのです。しかし、永住権はもたず短期滞在の者は日本に帰ります。そのような帰国者クリスチャンは、日本の伝統的な教会に馴染むのに苦労して、せっかく救われたのに日本での教会生活が続かないケースが多くあるようです。

私は年末の十二月二十七日からのＥＣに青年たちと一緒に参加し、また賛美に溢れ、御言葉を学び、いくつものセミナーに参加し、みんなでカウントダウンをして年を越し、お正月に帰国しました。世界では、日本のために本当に祈られていることを感じ、また帰国者クリスチャンを日本の教会につなげるサポートをしたいと使命を感じました。イクイッパー・カンファレンスの目的は、帰国者たちを日本帰国に備えて信仰を装備する（イクイップ）ことです。たとえ日米間の教会文化のカルチャーショックを受けても、理解してもえなくても、しばらく孤独を感じても、主イエス様につながって生きた信仰を失わないために、整えられるために、基準としての聖書を読み続け、御声を聴き続け、聖書に生かされていくしかないのです。たとえ帰国した故郷に教会が見つからなくても、それでも御言葉に生かされる。私は帰国者のために祈り続けたいと思わされながら、私自身が確かな御言葉に生かされ続け、聖書によって信仰を形成し、聖書が証しするキリストの恵み深さを知り、いつも聖書に立ち返り続けたいと導かれています。

23　神の御前にありて

〈Ⅱテモテ四・一〜二〉

「神の御前で、また、生きている人と死んだ人をさばかれるキリスト・イエスの御前で、その現れとその御国を思いながら、私は厳かに命じます。みことばを宣べ伝えなさい。時が良くても悪くてもしっかりやりなさい。忍耐の限りを尽くし、絶えず教えながら、責め、戒め、また勧めなさい。」

恵みと平安がありますように。若い伝道者テモテに、使徒パウロが書き送る言葉を、共に旅をするようにして、ついに最後の章にたどり着きました。この四章は丁寧に読んでいくことになります。何度も読み直してきた章ですが、今回あらためて気づかされた表現がありました。それは「神の御前で」という表現です。この「前で」というのが二種類出てきまして、一つ目は、「神様の前で」という状況、もう一つは「キリスト・イエスの前で」です。そこで私たち信仰者は、主の恵みの招きを受けるということを共に学んでいきましょう。

神の御顔の前

二つの「前」という描写の一つ目、「神の御前」を見ていきましょう。これは礼拝を表す表現です。そして、霊性をも表す表現と見ることができるでしょう。聖書の言語では、「前」というときに、位置関係というよりも、むしろ「顔の前」という意味をもちます。ヘブライ語の「ファネー」も、ギリシア語の「プロソーポン」も、もともとは「顔」を表す言葉で、それゆえに「前」という位置関係を表す言葉として用いられてきました。聖書の中で使われる方向描写はとても興味深く、私たちが東西南北と方角を指すときは、地球の磁力によって定められた方角ですが、古代はもっと生活感覚の方向表現です。たとえば、アブラハムが神様の祝福を受けて、「見渡せる地はあなたの嗣業となる」と言われるときに、日本語訳では東西南北を用いて翻訳するのですが、「南」の代わりに「砂漠」(南にあるネゲブの砂漠)、「西」の代わりに「海」という表現で記述されます。その海とは、地中海を指しています。同じように生活感覚で位置関係を表すものの典型が「前」で、「顔」から派生しているのです。ですから、存在の前にあるという意味合いが濃いのです。

パウロ先生が、「神の御前に」と言うときには、主の御顔の前に立たせていただいているという霊的感覚をもっていたということです。そして、おそれを感じていることでしょう。それは罪ある人としての恐れ、本来ふさわしくない者として目を伏せるような心境であり、それでも、十字架の贖罪によって神の子とされた深い畏敬の念を込めて、「神の御前に」と語っているのです。聖なる神の前に自己存在の汚れを認識して立つことができないという認識を、モーセも、イザヤも、ペテロも、そしてパウロも抱きました。しかし、それゆえに恩寵によって恐れ多くも近づきたいと願います。これを有名なルドルフ・オットーという宗教学者は「ヌミノーゼ的感覚」と表現して、人は聖なる神の前でおそれを抱くと述べました。そのおそれは相反する二つの方向で、離れたいという「fear（恐れ）」と、近づきたいという「fascination（魅了）」という畏敬に包まれると言い当てているのです。まさにその感覚ではないでしょうか。そこで、御顔を慕い求めるのです。

御前にある礼拝

この聖なる神の前の恐れ多さと、しかし魅了されるという二つの方向が、礼拝で神の御前にあって私たちが経験することではないでしょうか。そして、主イエスの十字架で罪を赦していただいたので、その贖罪と恩寵によって、大胆に神の御前で安らうことができるのです。その贖われた者は、神様の御顔の光を受けます。礼拝の原型として、荒野を旅した幕屋での礼拝の様子がよく指摘されますが、祭司アロンの祝福の祈りは、現代の礼拝でも頻繁に用いられます。

「**主**があなたを祝福し、

あなたを守られますように。
主が御顔をあなたに照らし、
あなたを恵まれますように。
主が御顔をあなたに向け、
あなたに平安を与えられますように」（民数六・二四〜二六）。

このアロンの祝福の言葉が、詩篇でも繰り返し出てきます。ある英語の黙想に触れたとき、“put your smile on me”と表現していて、恵みのイメージの豊かさに驚いたことを覚えています。神様の御顔の光を、「あなたの微笑（スマイル）を私に向けてください」と。この最も尊いお方を敬い、そして主の恩寵によって最も近しく慕い求めるのが礼拝ではないでしょうか。

コロナ対応で、集うことを制限された私たちですが、集うことを「対面式」と表現するようになりました。この対面という表現は、先ほど紹介したヘブライ語に似ていると思います。調べますと、対面は、顔と顔を合わせること、面と向かい合うこと、そして「対顔」という表現もあるようです。礼拝に行き、教会に集う信仰者仲間たちと会える。新型コロナが収束し、私たちは会える喜びを共有しました。しかし、人と人の対面だけでなく、礼拝は神様の御顔の前に出ることを本質としています。また、健康の理由などでネットを通じて礼拝につながる方も、どうぞ覚えてください。それぞれがささげるその場所を、神の御前に出る場として信仰の姿勢を整えていただきたいと思います。

御前に出る

明治時代の信仰者は、礼拝のために身を整えたそうです。武士の背景をもつキリスト者たちは、神様の前に出る礼拝に、主人に仕えるために出て行く表現の「御前に出る」という思いをもって出席しました。恐れ多くもという思いをもって、最も尊いお方にお仕えしている誇りに生きたのです。

ラテン語で「コーラン・デオ」という表現があります。カタカナに表記すると揺らぎがあり、「コーラム」と言う人もいますが、この表現は「神の御前に」という意味で、襟を正して聖なる神の御前に出るときの教会の表現です。竹森満佐一先生が、この「コーラン・デオ」という畏怖を感じつつささげる礼拝を、ある修養会でお話しになったときに、しばらくの間、出席者たちの多くが口癖のように、信仰的ブームの言葉のようにして、「コーラン・デオ」と繰り返し唱えていたそうです。それほど、心にストンと落ちた。自分は神の御前に生きる。なんという尊い礼拝に出させていただいているのだろうか、と。

イエス・キリストの御前

「神の御前で、また、生きている人と死んだ人をさばかれるキリスト・イエスの御前で、その現れとその御国を思いながら」。パウロは、聖なる神様の御前にあり、同時に、イエス・キリストの御前にあるのです。どのようなお方と認識して、その前にあると感じているのでしょうか。まず、そのお方の名前は「イエス・キリスト」であり、イエスが名前、キリストが「油注がれた者（メシア）」という称号です。広い意味で救い主という意味と受けとめてもよいでしょう。そのイエス・キリストはどういうお方としてパウロの前にいてくださるのでしょうか。

皆さんがイエス様を思うとき、それはどのようなイエス様でしょうか。羊飼いイエス様、癒し主イエス様、友イエス様など、それぞれ聖書の表現を伴って、いくつものイメージがありますが、ここではなんと裁き主イエス・キリストです。しかも、主の裁きの対象は、生きている者と死んだ者とを裁かれると記されます。

主イエスは裁くお方であると聞いて、戸惑う方もいらっしゃるかもしれませんが、これはパウロ先生が書き記した聖書の言葉として文字どおり受け取る必要があるでしょう。私たちは「裁いてはいけません」と教えられ、律法主義やパリサイ派のように他者を裁き、自己義認するような罪に陥らないようにと教えられてきました。ですから「裁き」に否定的な感覚をもつ方が多いと思います。しかしここでは、人間同士の裁き合いのことではなく、最後の審判者として主イエスがおられるという厳かさを表しています。それは、教会の二千年の信仰表明である「使徒信条」に明確に表れています。

「主は……十字架につけられ、死にて葬られ、陰府にくだり、三日目に死人の内よりよみがえり、天にのぼり、全能の父なる神の右に座したまえり。かしこより来たりて生ける者と死にたる者とをさばきたまわん。」

十字架で罪を贖い、死を打ち破って復活された主イエスは、生ける者と死にたる者を裁かれるというのです。私の所属教団では次世代のために「使徒信条」を、文語と口語で併記しようということになり、いくつもの現代的な翻訳を調べました。聖公会版の口語訳では「生《しょう》者《じゃ》と死者」と訳されていました。この一語で言いうる表現が原語に近い表現です。しかし、日本語には生者は馴染みが薄いので、「生きている人と死んでいる人」という口語が分かりやすいでしょう。先に召された人も、生きている者も、キリストによる永遠の審判の前に立つ。

この主イエスによって、定められた世の救いの完成として最後の裁きがなされます。パウロは主の御前にあることを感じ、畏怖を抱きました。世は裁かれる、だから福音を宣べ伝えよう。裁きとは断罪し、罪過や刑罰、滅びに定めることと感じやすいと思いますが、しかし、その裁きをなすお方は十字架の主イエスです。すなわち、私たちの罪を身代わりに背負って、裁きをすべて引き受けてくださったお方です。この主イエスの恵みの救いを、宗教改革者ルターは、罪と義の交換と語りました。私たちの罪をキリストが身代わりに負ってくださった。それに代わって、キリストの義を私たちは着せていただいたのです。ルターは大胆にも、「本当の罪人はイエス・キリストのみ」と語ったといわれます。これは、真に罪人なのは私たちですが、本当の罪の裁きを受けられたのはキリストであるということです。それゆえ、主の十字架を受け入れる者に、もはや罪の裁きは残されていません。この裁き主キリストのそばで厳粛に神の御前に立ち、永遠の赦しをいただいたからです。この十字架の主を仰ぎたいと思います。

24　時が良くても悪くても福音を宣べ伝える

〈Ⅱテモテ四・一〜二〉

「神の御前で、また、生きている人と死んだ人をさばかれるキリスト・イエスの御前で、その現れとその御国を思いながら、私は厳かに命じます。みことばを宣べ伝えなさい。時が良くても悪くてもしっかりやりなさい。忍耐の限りを尽くし、絶えず教えながら、責め、戒め、また勧めなさい。」

恵みと平安がありますように。テモテへの手紙第二の四章に入っています。前回は「神の御前で」ということを学びました。聖なる神の御前で畏敬を抱き、御前で罪赦され、御前で自分を知り、御前で礼拝者として新しく生かされるということです。その御前に立つ厳かさを伴って、今回の聖書箇所が響いてきます。「みことばを宣べ伝えなさい。時が良くても悪くてもしっかりやりなさい。」

御言葉を伝える備え

この御言葉を伝えるということですが、私たちのクリスチャン・ライフでは、大きく分けて二つの方法があると思います。一つは文字どおり、福音を言葉で伝える伝道です。もう一つは御言葉に生かされて、その恵みが人生から染み出すように生きていく姿で御言葉が伝わっていくという方法です。私たちの歩みに御言葉があらわされていくということです。この二つです。

繰り返しますと、御言葉を実際に語ることと、御言葉に生かされて歩むことです。皆さんにたびたびお勧めしていることは、マイ・ライフ・ストーリーとして、三分から五分で語れる内容を書いて備えておくということですが、今あらためてお勧めします。なぜクリスチャンになったのか、クリスチャンになって何が変わったのか、自分にとってイエス様はどういうお方か、ビフォーと出会いとアフターを語る。三分間はあっという間です。語りだしたら、ほとんど一言で終えてしまう時間です。多くの内容を削ぎ落とさなくてはいけません。あのことがあったから、これがあり、Aの出来事でBの苦しみがあり、Cさんとの出会い、Dの出来事、Eさんによる導き、Fさんによるつまずき、Gさんの祈りがあって、時至ってついに信仰に導かれる。体験した側にとっては、神様の摂理に導かれた壮大な物語だとしても、三分から五分で語る場合にはごくごく二〜三ポイントぐらいに絞って、一番のハイライトを凝縮して伝えるしかありません。語り手時間と聴き手時間にはギャップがあります。「この話、いつまで続くんだろう」と思われる前に、イエス様との出会いまで伝えきってしまう三分マイ・ストーリーを書き出しておいてください。心開かれた瞬間に語れるように、つまり「おばあちゃんはいつからクリスチャンなの？」とか、友人から「あなたは教会に行っていていいね」とか、少し心開かれたときに、よくぞ聞いてくださったと、機会を失わず、三分で伝えることが大切です。備えておかないと良い言葉は出てきません。ですから、三分マイ・ストーリーを書き出しておくことをお勧めします。

私の所属する教団のO先生は、関東から福島県の教会へ転任して、震災後の方々とともに歩み、伝道に取り組まれました。しばらく経ちましたら、検査でガンが見つかり、強い投薬を繰り返す治療に入られました。O先生はそのころのことを語られます。福島県の地で福音に伝えるために主がどのように用いてくださるのかと思っていたが、今は闘病生活を送っている。病院での一週間と、体を休める自宅での生活とを交互に繰り返している。自分は何のためにこの地に導かれたのだろうと悩まれたということです。あるとき、病室で信仰書を読んでいたら、看護師さんが「それは何の本ですか」と声をかけてくれた。それをきっかけに、自分は牧師であると伝え、「そうだ、マイ・ストーリーをセミナーで準備していた。今が機会かもしれない」と思い、相手に配慮しつつ短く語ることができたということです。そして、同じように闘病中の方々との交流においても、向こうが興味をもったときに、マイ・ストーリーを短く伝えることができました。「自分の思い描く牧師活動はできていないけれども、神様が置いてくださるところで、不思議にも人々に福音を届ける機会を与えられている」と話しておられました。

時が良くても悪くても

チャンスを用いるのです。御言葉に「時が良くても悪くても」とあります。パウロ先生は、「良い時がある。それだけでなく悪い時もある」と語ります。しかし不思議なことに、主の導きでは、良い時も悪い時も両方とも福音のチャンスになります。

聖書で用いられる「時」という表現に、「カイロス」という言葉があります。これは「出会いの時」です。このカイロスは、私たちが普段、道具としている時計の時間とは別の種類の時です。チクタクと刻む時計時間は「クロノス」と呼びます。これは機械的に秒、分、時、日、月、年と継続する共有時間を過去から現在、そして未来へ刻んでいく時間の尺度のことです。どちらも新約聖書が書かれたギリシア語の表現です。カイロスというときには、時そのものに質があります。「チャンス」にもなります。恵みの時にもなります。出会いの時にもなります。この表現が用いられて、この箇所は原語でこのようになっています。カタカナで書き出しますと、「ユーカイロース・アカイロース」となり、これが「時が良くても悪くても」と訳されるのです。カイロスは出会いの時ですが、その前に「ユー」が付くと「グッド」の意味になります。聖書に頻繁に登場する接頭辞で「ユー（良い）」に「アンゲリオン（知らせ）」がつくと「ユーアンゲリオン」で、「福音」になるのが代表例でしょう。

「良い時に」とパウロは語ります。そして続けて、「アカイロス」というのですが、「ア」という接頭辞は否定に変換する表現です。日本語の「不」とか「非」のように名詞の頭に乗せられる否定表現です。つまり、「好機ではない」という意味です。良いチャンスに福音が広がるというのはまさにそうでしょう。しかしキリスト教の歴史には、困難な迫害の時代でもなお福音が広がっていった宣教の歴史があります。イエス・キリストは十字架の御苦しみを通って、罪からの福音を成し遂げてくださいました。そして良い時も悪い時にも、福音は真実な証しをもって伝わるのだと語られています。

瞬きの詩人・水野源三さんの詩が讃美歌になっていて、教会で歌います。

「もしも私が」（新聖歌二九二番）

もしも私が　苦しまなかったら
　神様の愛を　知らなかった
多くの人が　苦しまなかったら
　神様の愛は　伝えられなかった
もしも主イエスが　苦しまなかったら

神様の愛は　現れなかった

水野源三さんは小学生のときに高熱が続き、全身麻痺になってしまいました。その苦難の中でイエス様と出会い、その御苦しみである十字架が自分のためと分かり、救われ、その証しを詩にしたのです。長野県の山奥の家の中でただ麻痺した体を家族に支えられて生きていた源三さんを訪問し、福音を伝えた信仰者がいました。同じように、福音を伝える証し者の、人知れず苦しみを通って生きる姿も描かれています。麻痺した手では書けないので、瞬きのサインで家族が文字を書き記していきます。一文字ずつ重みを込めて、「もしも苦しまなかったら」と。苦しみは、今日の聖書の表現で言い換えると「悪い時」に当てはまるでしょう。しかし、その苦しみすらも主は用いて、福音を届けてくださるのです。いえ、まさに苦しみの中に主イエスは飛び込んで、そこで真の愛を現れ出るようにしてくださったのです。

しっかりやりなさい

福音に生きることを、使徒パウロは確かさをもって継続するように勧めています。「みことばを宣べ伝えなさい。時が良くても悪くてもしっかりやりなさい。」 この「しっかり」を聖書協会共同訳では「それを続けなさい」と翻訳しています。「エフィステーミ」という言葉で、「エピ（上に〔on〕）」と「イステーミ（立つ）」から構成される言葉で、上に立つ、設置されるというような確かさを表す言葉を、新改訳では「しっかり」とやわらかく訳出しています。そして、確かに設置されるならば、継続されるので「それを続けなさい」と訳されることがあるわけですが、これは二義的な実りとしての意味でしょう。良い時か悪い時か、ときどき実行するのではなく、いつも継続し、しっかりと福音を語り生きるライフスタイルを表現しているのではないでしょうか。

私の母方の親族は沖縄の人です。首里城に近いところに数家族の親戚が住んでいて、母も学生時代には、首里高校から首里城の敷地内を歩いて帰り、龍潭池という静かなやすらぎの雰囲気ただよう池で寄り道をしていたといいます。戦争中はその池周辺も戦地になりました。沖縄戦で私の祖父と叔父、そして何人もの親族が命を失い、平和の礎に名前が刻まれていきます。祖母・金城愛子おばあちゃんは、残された子どもたちを養うために、一生懸命にお店で商売をしました。そして、時間ができると、聖書を読む。聖書物語が面白かったから読む。読んでいると、「何読んでるの」と聞かれ、「これは聖書……話を聞きたい？」と答えます。聖書物語を話すと、人が集まって来て、丘の上にある家から娘たちが気づいて、「お母さん、お店でまた聖書物語を話して、人だかりになってる」と思ったそうです。「お母さん、何話してるの？」「聖書だよ。」「それだけ？」「そうさ、聖書は面白いもの。」「へぇ〜。それで人があんなに集まるの？」

苦労して子どもたちを育て、九十歳を超え、それでも聖書のお話、神様のお話をだれにでもする人でした。住んでいるマンションの一階に教会があって、日課のお散歩で降りて来ると、牧師とばったり会う。すると、「先生、伝道してますか」と声をかける。愛子おばちゃんにとっては挨拶代わりの一言。九十代後半になって、病気にかかり、弱って、いよいよ召されるときに、親しい方々が訪ねて来る。その訪問者に、「あなたはイエス様を知ってますか。信じたらいいよ」と語りかける。「私は信じていますよ。おばあちゃんが神様の話をしてくれたじゃない。」愛子おばあちゃんは「それは良かったね」と喜ぶ。最期まで、まるで福音を呼吸するような姿でした。

使徒パウロはピリピ人への手紙で、こう語っています。

「私の願いは、どんな場合にも恥じることなく、今もいつものように大胆に語り、生きるにしても死ぬにしても、私の身によってキリストがあがめられることです」（一・二〇）。

福音に確かに立ち、福音を語り続ける。時が良くても悪くても、いつまでも。

25　健全な福音の聴き方

〈Ⅱテモテ四・二〜五〉

「みことばを宣べ伝えなさい。時が良くても悪くてもしっかりやりなさい。忍耐の限りを尽くし、絶えず教えながら、責め、戒め、また勧めなさい。というのは、人々が健全な教えに耐えられなくなり、耳に心地よい話を聞こうと、自分の好みにしたがって自分たちのために教師を寄せ集め、真理から耳を背け、作り話にそれて行くような時代になるからです。けれども、あなたはどんな場合にも慎んで、苦難に耐え、伝道者の働きをなし、自分の務めを十分に果たしなさい。」

前回、使徒パウロが伝道の思い溢れて語るメッセージに触れました。「みことばを宣べ伝えなさい。時が良くても悪くても」と。そして、その宣教の業によって呼び起こされる信仰者を、訓練して育てるようにと導いていきます。

健全な信仰の教え

パウロはこの御言葉の宣教の手引きの後、こう続けています。「忍耐の限りを尽くし、絶えず教えながら、責め、戒め、また勧めなさい。」「教え」、「責め」、「戒め」、「勧め」と四つの動詞が登場しています。かなり強い言葉です。

おそらく皆さんは、一つ目の「教え」は抵抗感なく受け取れるのではないかと思います。福音理解を教える教師の賜物が聖書には記されていて、理解を深め、信仰形成を促す役割があります。教えとは、聖書に生きるために知識を伝達する働きです。二つ目の「責め」はどうでしょうか。御言葉の宣教で「責める」ということに戸惑いを感じる人もいるかもしれません。聖書協会共同訳でも「咎め」と厳しく責める訳語があてられています。パウロ先生は咎める、そして牧師も信仰者を咎めるのでしょうか。違和感をも覚える表現ですが、しかし、ときに私たちは、友が人として道を逸れかけているときには、面と向かって厳しい対話で諭すこともあるのではないでしょうか。それは相手からすれば責めに感じることもあるでしょう。しかし、相手が大切であればあるほど、真剣に対面し諭すことがあると思うのです。過ちから立ち返るために、ひどい悪習慣から解き放たれるために、生き方を整える「刈り込み作業」をして、信仰者の生き方を形づくるのです。

「刈り込み」は植物が健康に育つためにとても大切です。私の友人が教会に寄り、バイブルガーデンとしてミルトス、オリーブ、パピルス、いちじくなどが植えてあるのを見て喜び、素朴に質問してきました。「あのぶどうは刈り込まないのですか」と。ぶどうは裏庭にあることもあって放置されがちで、伸び放題になっていました。その友は、自分の田舎ではぶどうの苗があると、みな刈り込みをすると話してくれました。刈り込まれたほうがぶどうは健康になり、豊かな実を結ぶと教えてくれました。それを思い起こすと、パウロ先生が語る「責め」、「戒め」ということは、信仰生活の刈り込み作業ではないだろうかと思うのです。

「勧めなさい」とありますが、これは「パラカレオー」という言葉です。これには複合的な意味があって、「勧める」、「励ます」、「慰める」の意味、あるいは「説教を語る」ということにも用いる表現です。「パラカレオー」の「カレオー」の部分は「呼び語る」という意味で、その前についている「パラ」は「そばに」という意味です。すぐそばから呼びかけるというのが原意です。それで、「助言する」とか「慰める」という意味になります。御言葉を宣べ伝えることで、たましいの慰めを与えなさいという意味にもなります。

この一連の「教え」、「責め」、「戒め」、「勧め」は、キリストの福音と関係しています。教えられて福音を知り、十字架の恵みを知るときに、責め戒められることで、抱えている悪習慣を聖書から神の御旨に沿うものとして作り直してもらい、たとえ責められる部分があっても、そのために主イエスは十字架にかかられたことを知り、勧めによって福音の慰めをいただくのです。

健全な教えを捨てない

「人々が健全な教えに耐えられなくなり、耳に心地よい話を聞こうと、自分の好みにしたがって自分たちのために教師を寄せ集め、真理から耳を背け、作り話にそれて行くような時代になるからです。」この言葉は、とても残念なことですが、聞き手の課題を言い当てています。パウロの時代の聞き手もそうですし、現代の聞き手もこの危うさの中にあります。

以前の口語訳では「耳ざわりのよい話」という訳が採用されました。しかし、日本語の課題を含んでいて、「耳ざわり」という場合は、「手触り」などで使う触り心地ではなく、もともと否定的な意味合いの「気に障る」という「障る」ということなのです。「耳障り」という日本語は、不快を表す表現ですから、「耳ざわりのよい」という日本語訳は問題があると言われるわけです。新改訳2017では、「耳に心地よい」と適切に訳されています。

聞き手が、自分が聞くのに心地よい講師ばかりを呼び寄せるのは危ういことです。語り手もまた、自分を良く評価する聞き手ばかりを選ぶとすれば問題でしょう。福音は恵みですが、私たちに迫り、悔い改めに導き、たましいを砕き、造り変える言葉です。

私は牧師として駆け出しの二十代半ばのころ、東京聖書学院教会で副牧師をしていました。中高科を他のスタッフと一緒に担当していました。中高生イベントのとき、説教の部分を変更して、もっと効果的な工夫を凝らした体験学習のようなプログラムにもできるけれども、どうだろうかと提案したとき、スタッフが私を真剣に諭してくださいました。「私たちは神の御言葉を聴きたい。そして、中高生に御言葉を聴いてほしい。だから、御言葉の説教の場面では、誉先生は御言葉の説教をまっすぐに語ってください。」そのように諭され、私は教会形成の土台を学んだ思いがし、このような御言葉に生かされている信徒の方々とともに、牧師としてのはじめの時期を育まれることはなんと幸いなのだろうと感じたのを覚えています。御言葉のメッセージをまっすぐに語る。面白おかしく、興味をそそる語りでなくてよいのです。御言葉を語り、聴くことに集中する教会は健康なのです。

福音を私たちの好みに合わせてはいけません。私たちが福音に沿って変えられていくのです。Eさんは末期のガンが見つかり、娘さんに連れられて教会に来られました。あと三か月という余命宣告を受けたので、年を越せないと思っていました。若き日に教会にクリスチャンの親友と通って、心が育まれた時期があったので、主イエスの十字架と復活を信じ受け入れる備えができており、病床洗礼を受けることができました。そして、年は越せないと病院で宣告を受けたのに、新年を迎えることがかないました。年を越せたことと、そして、洗礼を受けて永遠への扉が開かれた二重の意味をこめて、「今年こそ、本当の明けましておめでとうだ」と喜びを表現された笑顔は清々しいものでした。ある日、Eさんと娘さんが一緒にお祈りしていたときに、娘の祈りに対して、こう語られました。「あなたの祈りは、ただのお願いごとじゃないか。それは本当に祈りと呼べるのか」と。Eさんはこう続けられたそうです。「祈りとは自分の願いを超えて、神様が私たちに求めていることを知り、私たちが変えられていくことではないか。」　すでに医学的な余命を越えて、日々生かされている者の真剣な言葉でした。また、こうも言っておられました。「今日も神様に生かされた。」　感謝日記をつけていて、自分は生かされている、生きる意味を日々神様から受けとめ直して、感謝を数えておられました。「御心が天になるごとく、地にもなさせたまえ」（主の祈り）。自分の耳に心地よい、自分を肯定してくれる、やわらかい言葉だけでなく、神の御旨と使命を示される、自分を恵みのうちに造り変えてくださる主の言葉をも待ち望みたいのです。

健全さの回復を目指す

「健全」という言葉は牧会書簡に繰り返されるキーワードですが、この言葉を聞くと、私は、「不健全」にならないようにという否定的教えが心に浮かんできます。おそらく昭和の学生時代を通ったからだと思います。不良マンガが流行り、尾崎豊が「盗んだバイクで走りだす」と歌った時代は、大人たちの作ったレールに抗いながら自分の道を探すことでアイデンティティを形成しようとする時代でした。大人たちが葛藤しながら生きる若者に「不健全になるな」と叱る言葉が心に焼きついています。

しかし、あらためて学び直すと、この健全とはとても素晴らしい言葉なのです。「ヒュギアイノー」は、体と内面の健康を示す言葉です。人間らしい「健康な」という意味があるのです。人間存在全体が健全に、健康に包括的に人格の養いを受けることを意味しているようです。福音を健全なものとして、偏ったものではなく、断片的なものでもなく、恵みが満ち溢れるものとして聞き、体も心もたましいも、創造主の恵みのうちに健康であることを目指すこと、人格の健康を本当に求めていくことを意味します。しかし、現代社会は心も病み、体も病みやすく、社会も病み、たましいも病んでいるような状況といえるでしょう。すべて問題ないとはなかなかいかないでしょうが、それでも、自己存在の一番中心にあるたましいが神の恵みによって健康であることが何より大切であるということに、皆さん同意されるのではないでしょうか。

この秋、教会の遠足でコロナ明けの久しぶりのイベントとして、星野富弘美術館ツアーを行いました。心・体・たましいの健康ということで見るならば、富弘さんは身体的には首から下が動かない重度の障がいを負われました。心も人間らしく揺れ動く姿をご自身の文章で書き表しておられます。そのような弱さを抱えながらも、私たちは富弘さんの存在に、人間性の健やかさを感じるのはなぜでしょうか。ご本人が証ししておられるように、友が病床に差し入れてくれた聖書に触れて、神の恵みの言葉に出合い、たましいの癒しを経験し、神様の大きな愛とつながって生きている姿に、癒された人間性を感じるからでしょう。たましいの癒しを必要としている私たちは、富弘さんの詩から染み出す神様の恵みに触れて深い喜びを感じるのです。たとえ体には病があっても、たましいが癒され、内なる自分の健康を回復していく幸いを感じるのです。

人としての回復

礼拝とは何でしょうか。この問いを多くの方がします。父なる神の御前に生きる礼拝で、私たちに何が起きるのでしょうか。ある学び会でM先生が話されました。「礼拝とは人間が人間になること。」 ギリシア語で人間を「アンスローポス」といいます。これは、「上を見る存在」という意味です。上を見るとは、すなわち神を仰ぎ礼拝すること、それが人間存在そのものの性質だと理解できるのです。ですから、礼拝は、人が造り主を仰いで人となる、人間にとって最も健やかな姿だといえるのです。

26　栄冠を受ける希望

〈Ⅱテモテ四・六〜八〉

「私はすでに注ぎのささげ物となっています。私が世を去る時が来ました。私は勇敢に戦い抜き、走るべき道のりを走り終え、信仰を守り通しました。あとは、義の栄冠が私のために用意されているだけです。その日には、正しいさばき主である主が、それを私に授けてくださいます。私だけでなく、主の現れを慕い求めている人にには、だれにでも授けてくださるのです。」

恵みと平安がありますように。テモテへの手紙第二を読み進めてきて、この聖書箇所にたどり着き、厳粛な思いを抱いています。それは、パウロ先生の言葉のある意味での締め括りであり、自分は天に行く時が来たのだ、自分の地上の使命は終わったのだと述べる場面だからです。厳粛に死を見つめる言葉であり、慰めに満ちた響きです。今日のこの言葉がパウロ先生にとってどういう意味であったのか、そして私たち御言葉に聴く者にとってどのような恵みの招きがあるのかを、主イエスの復活の光によって見ていきたいと思います。

注ぎのささげ物

六節にこうあります。「私はすでに注ぎのささげ物となっています。私が世を去る時が来ました。」ここにある「注ぎのささげ物」を「いけにえ」と訳す翻訳もあります。これは命を注ぐということで、この迫害下で殉教の地点に立っているという自覚が表れています。また、それに重ねて、ささげているとは、私の人生を主にささげた、献身したということです。この犠牲の面と献身の側面とが明確に表れているのです。迫害をたびたび経験してきました。死を覚悟したことが何度もありました。しかし、この書簡の背景は、紀元六五〜六八年に起きた皇帝ネロの大迫害です。

はじめは皇帝の教育係であった哲学者セネカの教えを受けて、数年は善き君主としての道を歩み始めたネロでしたが、権力で狂い、道徳的には悲惨な有様になり、異常なほどに芸術に心酔して、おかしくなっていきます。ローマの街が大火事に包まれた後で、それをキリスト教徒のせいにして大迫害が起きます。その中でパウロは捕らえられ、そしてペテロも投獄されました。皇帝ネロによる大迫害は紀元六八年に彼が自害するまで続いたといわれています。

この恐ろしい時代に、パウロは牢獄にいながら、「私はすでに注ぎのささげ物となっています」と語ります。そして、この手紙を書き送り、それからなおしばらくの獄中生活、六五年から六八年のどこかの年とされますが、ローマの街の近くの街道の側で、斬首による殉教の死を遂げました。剣で殺されるとは恐ろしいイメージではありますが、苦しみの最も短い死刑方法でもあり、パウロがローマの市民権をもっていたため、長く苦しむ磔刑のような拷問刑ではなく、剣が用いられたといわれます。伝承では、パウロの頭部が地面に転がり、三回はずんで、そこから三つの泉が湧いたとされ、そこにはトレェフォンターネ教会と名づけられたパウロ殉教を記念する教会が建てられました。

死を通して証しされた初代教会の使徒たちの姿から、さらに多くの人が福音に導かれていきました。「殉教者の血は福音の種」と、初代教会のオリゲネスは言いました。主イエスへの信仰ゆえに命を注ぎきるところで、新しい信仰者が起き、真のいのちを得ていったのです。

終わりを語る

自分自身は注ぎ出されていて、世を去る時が来たとパウロは語りますが、これは自身の終末意識が表れていると言えます。すなわち、「終わりを語る」ということです。人間が終わりを見て、その意味を考えることを終末観といいます。それがもっと思想として深まっていくと、終末論と呼びます。キリスト者は終わりを見つめることができる終末観をもっています。しかし、それは絶望や滅びの終わりではなく、あるいは消滅やあきらめの終わりでもなくて、神に贖われた死の向こうに続く希望と、完成としての終末なのです。恵み深い主との交わりに永久に生きる世界があるのです。

終末観は三つの種類で考えることができます。一つ目は「世の終わり」という終末です。この世界の歴史はいったいどこにたどり着くのか。二〇世紀は世界規模の大戦を二つ通り、核兵器が作られました。私たち日本人は被爆経験をもつ国民であり、そこから語るべき言葉をもっています。その後の米国とソ連による冷戦時代の核兵器製造競争によって、地球という星をひどく傷め、環境を壊せる核兵器を人類がもつに至りました。リストにあげなくても、終末時計の針を進める要素を皆さんはいくつも頭に浮かべることでしょう。世界の最後は滅びなのでしょうか。多くの思想や宗教の終末観が悲観的であるのに対して、聖書は希望と完成の終末観を提示しています。この世界を創造したお方は、この世界を贖い完成してくださる。その希望があると書いているのがこの聖書です。

二つ目の終末は、「個人の終末」です。やがて訪れる大いなる完成を前に、短き数十年の人生を旅する私たちは「自分の死」の備えをします。それが個人の終末観です。人生の使命に生き、主に生かされる生涯を全うしていくのです。今日の交流が最後かもしれないと思って、出会いを大切にすることを「一期一会」といいます。使徒パウロの遺言のようなこの牧会書簡も、終末観の深みをもつ希望の書といえるでしょう。

三つ目は、「終末の今」を生きることです。人生は過去から未来へ向けてゆっくりと流れゆく時ではありません。私たちは、過去を覚えて未来を期待しつつですが、「今」しか生きることができない存在です。「今」という時点から、次の「今！」へ、さらに続く「今!!」

へと、その今の連続に生き、そこで私たちと出会ってくださった永遠なる神様との交わりに生きる。これは「実存的な今」を生きる姿であり、瞬間ごとに信仰を込めて一歩ずつ、感謝の足跡を踏みしめて進んでいくことです。この今という瞬間に、大いなる神様との交わり、愛深きイエス様との交わりによって心潤されて生きるなら、それは「永遠の今」を生きるといえるでしょう。ですから、「世の終末」、「個人の終末」、「終末の今」を生きるという三種類の終末観において、神様の恵みによって希望と完成の終末を見るのです。

宗教改革者マルティン・ルターが語ったとされる言葉があります。「たとい明日、世界が滅びるとしても、私は今日りんごの木を植える。」 今日りんごの木を植える。明日の希望のため、将来の養いのために、たとえ濃い絶望の雲が目の前を覆っても、私は今ここで希望に生きるというのです。

走り抜いた

七節にこうあります。「私は勇敢に戦い抜き、走るべき道のりを走り終え、信仰を守り通しました。あとは、義の栄冠が私のために用意されているだけです。」 この御言葉にパウロの人生観が表れています。皆さんは、ご自分の人生をどのようなイメージで受けとめておられるでしょうか。

徳川家康の有名な言葉に「人の一生とは重き荷を背負いて、遠き道を行くが如し」というものがあります。歩き続ける長旅のイメージといえるでしょう。パウロの伝道者生涯は「走る」イメージです。もっと焦点を絞ると、マラソンのイメージといえます。自分の人生はこの足で踏みしめるように進んで行くということです。

マラソンというスポーツのイメージが明確に表れるのが八節です。「あとは、義の栄冠が私のために用意されているだけです。」この冠とはいったいどのような冠でしょうか。これは王様が被る権威の冠ではありません。支配を象徴する冠でもありません。「ステファノス」という言葉で、これは「栄冠」です。「王冠」ではありません。マラソン選手が被る栄冠とは、優勝した者が頭にオリーブや月桂樹の葉を編み込んだものです。近代以降のオリンピックでは、メダルの授与として金、銀、銅のメダルが首にかけられて、帰国するとメダリストとして栄誉を称賛されますが、古代オリンピックでは草を編んだ栄冠が与えられました。「ステファノス」はそういう言葉です。パウロは地中海世界を駆け回り、福音を宣べ伝えて、いよいよ人生のゴールにたどり着くときに主より栄光の冠をいただくのだと、万感の思いを胸いっぱいにしながら語っています。「私は勇敢に戦い抜き、走るべき道のりを走り終え、信仰を守り通しました。あとは、義の栄冠が私のために用意されているだけです」と。

走り抜くすべての人へ

スポーツですと栄誉のしるしは勝者だけが手にして、栄冠を受けられない者が多くいるのですが、キリストの恵みを知るパウロは、主の恵みによって救われたすべての者が栄誉を受けると語ります。「義の栄冠が私のために用意されているだけです。……私だけでなく、主の現れを慕い求めている人には、だれにでも授けてくださるのです。」優勝者だけが得るのでしたら、だれかひとりだけです。けれども、「私だけでなく」と言っています。「だけでなく」という限定を否定する言い回しではなく、「皆」とする翻訳もあります。どのような人が「皆」なのでしょう。聖書協会共同訳では、「主が現れるのを心から待ち望むすべての人に」（八節）とあります。主の来臨、すなわち主イエスと再び顔と顔を合わせてお会いできる（Ⅰテサロニケ四・一六〜一七、Ⅱコリント三・一六〜一八）という福音の希望に生かされている信仰者すべてが対象で、地上の生涯を終えるとき、贖われた信仰者すべてを主が迎えてくださるのです。そのときに栄冠を賜るのです。パウロは、生きるか死ぬかということ以上に、主イエスとお会いできることを待ち望むことを語っています。

「私にとって生きることはキリスト、死ぬことは益です。しかし、肉体において生きることが続くなら、私の働きが実を結ぶことになるので、どちらを選んだらよいか、私には分かりません。私は、その二つのことの間で板ばさみとなっています。私の願いは、世を去ってキリストとともにいることです。そのほうが、はるかに望ましいのです」（ピリピ一・二一〜二三）。

この希望が、いよいよ間近に迫っていると感じたのが、この迫害下の獄中での経験だったといえるでしょう。「私だけでなく」とは、他の人たちも栄冠の対象であるということです。パウロは競走するランナーのイメージを用いていますが、一位だけではないことが、パウロが命がけで宣べ伝えた恵みの福音の本質とも関わる大切なことであって、それはキリストを待ち望むすべての者のためのものです。そして、一人ひとりに主が栄冠を与えてくださるのです。

私が小学生の時、教会の食堂が開放されて習字教室が行われました。宮崎昭子さんという教会員の方が、近隣の子どもたちのために教えていました。お手本は、先生ご自身が書いた聖書の言葉でした。子どもたちが何枚か書くと、先生のところに持って行きます。すると、先生が直してくれます。ここの跳ね方、はらい方と、具体的に上から赤字で書き直して指導してくれます。子どもたちが「なるほど！」と理解したら、先生は「もう三枚書いてきてください」と言います。そして、言われたところを一生懸命書いて再び持って行き、列に並びます。五歳上だった私の姉がちょうど見てもらう番だったので、私はのぞきこんでいました。すでにとってもきれいに見える字で、小学生の私からすれば、直すところなんてあるだろうかと思ったのですが、先生は何か所か修正して「ここは、もっとこう書くと、綺麗になる」とアドバイスしながら赤を入れます。あんなに綺麗な字でも直されるんだ、私のガクガクの字なんてダメだと思いました。
ところが私の番が来て、先生は「言ったところがしっかり身につきましたね」と言うのです。赤い線でグルグルと花丸をして、左上に「優」と書いてくれます。「優」は称賛のしるし。「優」をもらえると、子どもの私は嬉しくてガッツポーズです。ところが、不思議に感じて聞いてみました。「どうして、お姉さんのいい字は直されるのに、ボクのこんな字で優をもらえたの？」　先生は「今のあなたはあなたとして成長したでしょう。新しい一歩を進んだでしょう。だから〝優〟と答えました。これはえこひいきではありません。ズルくもありません。「今のあなたの〝優〟ですよ。」　あのときのことを思い出しつつ、私は栄冠というものは、その人その人の使命、賜物、奉仕に生き、イエス様が与えてくださった今日を生きること、その中で、主の恵みに感謝をもって生きる者に〝優〟が与えられるものであると信じています。

天への巡礼イメージ

このテキストの一つのイメージとしてマラソンということを言いましたが、もう一つ大切なイメージが編み込まれています。それは「巡礼の旅」のイメージです。天の主の御前へ向かう、あるいは天を故郷として人生を全うする姿です。神を知るための人生の巡礼の旅が天の故郷へ向かうものとして、新約聖書ではたびたび描き出されています。ヘブル人への手紙一一章一五～一六節にこう記されています。「もし彼らが思っていたのが、出て来た故郷だったなら、帰る機会はあったでしょう。しかし実際には、彼らが憧れていたのは、もっと良い故郷、すなわち天の故郷でした。ですから神は、彼らの神と呼ばれることを恥となさいませんでした。神が彼らのために都を用意されたのです。」

テモテへの手紙第二の最後の章では、「私が世を去る時が来ました」（六節）と語られます。この御言葉の「去る」は「アナリューオー」という動詞です。「アナ」は「上へ」や「再び」、そして「リューオー」は「解く」の意味です。ほどくのはロープですが、ほどくことがなぜ「去る」と訳されるのでしょうか。

文化によって意味は様々ですが、たとえば、日本文化では「襷《たすき》を掛ける」というと、力仕事の備えをする意味があるでしょう。「ネクタイを締める」とはビジネスマンが会社仕事に出ることを意味します。文化によって、紐を巻いたり、ほどいたりする行為は様々な意味をもちます。パウロの語る「紐緩め」とはどういう意味なのでしょうか。彼の文化では、テントを張っているロープをほどくことです。パウロは宣教旅行をしながら、テント作り職人をしていたという記述もあります（使徒一八・三）。また、半遊牧民の背景のユダヤ人に馴染みの深い風習として、季節ごとに引っ越すときに、簡易の移動式住居である幕屋の「紐緩め」が「出発」の合図となります。その背景から「アナリューオー」という「紐ほどき」は、「旅立ち」の意味になるのです。幕屋の紐をほどいて運び、新しい地でまた幕屋を張っていく。宣教の旅を続けたパウロが、殉教を前にして、次のところへ紐を緩めるというときに、それは天へ旅立つことを意味しているのです。

殉教の死を目前に感じながらも、死は断絶ではないとパウロは受けとめていました。確かにこの地から紐を緩めて旅立ちますが、それを父なる神のみもとへの旅路として、むしろ人生の旅路の完成としてとらえていたことが表れています。

27　福音を証しする使徒たち

〈Ⅱテモテ四・九～一五〉

「あなたは、何とかして早く私のところに来てください。デマスは今の世を愛し、私を見捨ててテサロニケに行ってしまいました。また、クレスケンスはガラテヤに、テトスはダルマティアに行きました。ルカだけが私とともにいます。マルコを伴って、一緒に来てください。彼は私の務めのために役に立つからです。私はティキコをエペソに遣わしました。あなたが来るとき、トロアスでカルポのところに置いてきた外套を持って来てください。また書物、特に羊皮紙の物を持って来てください。銅細工人のアレクサンドロが私をひどく苦しめました。その行いに応じて、主が彼に報いられます。あなたも彼を警戒しなさい。彼は私たちのことばに激しく逆らったからです。」

この聖書箇所で、パウロは自分とその周囲の者たちの近況を語っています。「挨拶1」と表題をつけることができるような人々の動向を書き記し、また少し先に「挨拶2」と表現できる部分が出てきます。すでに本論を終えていて、ここには手紙を書いている著者としてのパウロの様子が表れています。

早く会いたい

九節で、「あなたは、何とかして早く私のところに来てください」と、若い伝道者テモテを呼び寄せています。テモテともう一度会いたいというパウロの思いがここに表れています。少し先の箇所で、もう一度書かれていて、「冬になる前に来てください」（二一節）と、時期まで具体的に指定しています。おそらく一年前後の間に、パウロは皇帝ネロの迫害によって地上の人生を終えることになりますが、その迫りを感じているのでしょう。「早く」とあるように、急がせています。ギリシア語で「スペウドー」という言葉がルーツですが、この音を聞いてすぐに気づく人は「スピード」に似た言葉だと思うでしょう。急がせるときにこの語が用いられます。危機が迫っているので早く会いたい。そして、おそらくこの手紙を受け取ってから、テモテは備えをして冬前に訪問したことでしょう。

去った者たち

パウロのもとから去った者たちのことが近況として語られます。「デマスは今の世を愛し、私を見捨ててテサロニケに行ってしまいました。また、クレスケンスはガラテヤに、テトスはダルマティアに行きました。」　クレスケンスについては、聖書の他の箇所にほとんど情報がありません。彼は、パウロの初期の宣教地であるガラテヤのほうへ出発しました。テトスは、パウロの宣教チームの一員として非常に用いられた人物として知られていますので、ダルマティアに行ったのは宣教の働きの一貫でしょう。このダルマティアはマケドニアの北部にあり、現在のボスニア・ヘルツェゴビナにある場所です。

クレスケンスとテトスは、おそらくそれぞれの働きのためにローマを離れているのでしょうが、デマスに関しては、パウロが心に痛みを覚えているような響きがあります。デマスのことを推測するために有効な言葉は、「今の世を愛し」という表現です。原語では「アガペーサス・トン・ヌン・アイオーナ」す。簡略に説明すると、「今」（ヌン）の「時代」（アイオーン）を「愛した」（アガパオー）という意味です。「世的」と訳せる「コスモス」よりも、「時代」を好み、選び、愛したというのです。他の箇所でのデマスは、パウロの宣教の真実な協力者たちのリストに登場します（ピレモン二四節、コロサイ四・一四）。しかし、ここで今の時代を愛して、去って行ったというのは、来るべき「世・時代」（アイオーン）より、激しい迫害を前に、現世的な価値を優先したということではないでしょうか。それは「私を見捨てて」という表現に表れています。敵対的な表現ではないので、派閥や異端的な分裂の問題ではないでしょう。デマスは、殉教する道よりも、宣教の働きから一歩退いて、命を長らえるという選択を選んだのかもしれません。デマスが行った先はテサロニケの街で、パウロがいるローマと、テモテがいるエペソのちょうど中間ですから、その後、テモテがフォローすることができる位置関係となります。

また、パウロは自分にひどい仕打ちをした人物の名をあげます。「銅細工人のアレクサンドロが私をひどく苦しめました。その行いに応じて、主が彼に報いられます。あなたも彼を警戒しなさい。彼は私たちのことばに激しく逆らったからです。」アレクサンドロは、おそらく一般的に多い名前で、同じ名前が聖書に登場しますが（使徒一九・三三）、同一人物と特定はできないようです。それでも、テモテへの手紙第一のほうは同じ人物の可能性がかなりあります。「その中には、ヒメナイとアレクサンドロがいます。私は、神を冒瀆してはならないことを学ばせるため、彼らをサタンに引き渡しました」（一・二〇）。

この記述が、トロアスで荷物を受け取る依頼の直後にあることから、文脈としてトロアスの街に行き、カルポの家で外套と書物を預かるときに、そのトロアスにいるはずの銅細工人のアレクサンドロを警戒せよと注意喚起していると見ることができます。「私をひどく苦しめました。……彼は私たちのことばに激しく逆らったからです。」言葉に逆らうとは、単なる口喧嘩ではなく、御言葉で語る福音をひどく歪めることだったと思われ、彼はパウロの宣教を妨害した人物だったようです。

しかし、「主が彼に報いられます」。主に報いを求めるこの姿勢は敬虔なあり方です。自分の手で復讐はしないで、すべてをご存じの主の手に報復を委ねることで、自らの手から暴力を放棄する、非暴力に通じる姿勢と言われます。ローマ人への手紙一二章一九節にこうあります。「愛する者たち、自分で復讐してはいけません。神の怒りにゆだねなさい。こう書かれているからです。／『復讐はわたしのもの。／わたしが報復する。』」

残されたパウロ

この危機の中で、パウロは仲間たちから取り残されています。手紙を受け取ったテモテは、ここまで読んだときに、「あぁ、パウロ先生は、ひとりぼっちになってしまっている」と心配になったかもしれません。しかし、次の言葉は慰め深いものです。「ルカだけが私とともにいます。」　旅を共にしたルカがパウロの人生の最後で再び合流し、孤独の使徒を支えていたのです。

このルカとパウロの出会いは、まさに主の特別な導きでしょう。もしルカがパウロの宣教旅行に加わらなければ、使徒たちの伝道の様子を書き残した「使徒の働き」はなかったからです。そのルカの記述した「使徒の働き」の前半部分は三人称主語で使徒たちを記述し、「ペテロは」「パウロは」と書いていますが、途中から「私たちセクション」と呼ばれる、ナレーターを兼ねるルカが一人称複数形主語で「私たちは」と語りだします。進む道が閉ざされ、ついにトロアスの街にたどり着いたパウロ一行には、もう前は海しかない、すなわち行き止まりになってしまった。そのときに、海の向こうのマケドニア人が夢に現れて、「私たちのところへ来て助けてください」と語ります（使徒一六・九）。その場面から「私たちセクション」が始まります。ですから、一説では、その夢に出たマケドニア人がルカだったといわれます。あるいは、何らかのタイミングでトロアスから船に乗り、マケドニアの港町のネアポリスに到着するまでに、合流したのでしょう。

私が二〇一九年にトルコ・ギリシア旅行でパウロの伝道旅行をたどったときに、トルコのガイドさんにルカはどこで合流したか質問してみました。すると、「もちろんトルコです」と力強い返事でした。ギリシアに渡ってから、同じ質問をギリシアのガイドさんにしてみましたら、「もちろんギリシアです」という返事。そう言うだろうなと思いますが、まだ結着がついていないようです。ところがギリシアのガイドさんは聡明な方で、こう言いました。「ルカの伝承には船旅をしている場面が多く出てくる。船上で出会ったのではないかと思う」と。

トロアスからネアポリスの間に、サモトラケ島を経由したと記されています（使徒一六・一一）。このサモトラケ島は、今でいう飛行機の国際ターミナルのような、世界中から集まっては乗り換えて出て行く場所でした。船旅でそこにたどり着いたルカがパウロ一行に合流したという説に、私は一番可能性を感じています。

その後、ルカは伝道の喜び、迫害の苦しみ、大嵐をくぐり抜けて、使徒の働き二八章でパウロと一緒にローマに着きます。そこで一度、離れたのですが、なんと最後の最後で、この紀元六五～六八年の大迫害の最中にパウロを心配して駆けつけ、支援していたというのです。

「ただ、ルカだけが共にいる」と書くパウロの万感の思いは、どれほど深かったことでしょうか。このような友を、同労者を、支え手をもつことはなんという祝福でしょうか。

外套を持って来る

パウロは、テモテの訪問の際に、いくつかの頼みごとをします。「あなたが来るとき、トロアスでカルポのところに置いてきた外套を持って来てください。」冬前に来てほしいと頼んだ理由の一つは、ローマの牢獄が思いのほか寒く、外套なしには厳しいと感じたからのようです。エペソにいるテモテに、船旅ではなく陸路を北上して、トロアスの街にいるカルポを訪ね、保管してもらっている上着を取って来てほしいと頼みます。この秋以降は暴風のユーラクロンの季節でもあって、海路は危険です。しかし、陸路もまた大変な距離になりますが、そのような移動の困難な冬でも、なんとか外套を届けてほしいと頼んでいます。

これは、肉体の終わりとしての死を覚悟した人物であっても自分の体をケアすることの大切さを教えているように感じます。寒さと向き合うときに、自分を適切に包み温めて健康を保つのです。ある人は、愛することは自己犠牲であると考えますが、自己ケアも聖書的愛なのではないでしょうか。

愛の律法と呼ばれる、神を愛し、隣人を愛するという教えとして、「あなたは心を尽くし、いのちを尽くし、力を尽くし、知性を尽くして、あなたの神、主を愛しなさい」（ルカ一〇・

二七）と語られます。これは聖書翻訳をめぐる語り合いでも話題になる聖書箇所で、この「尽くす」と訳されている語は、「すべて／全体／まるごと」という意味で包括性（英語のwhole）を意味する「ホロス」です。欠けが補われて全体となるという意味で、すなわち愛するときに、「心全部で、いのちまるごと、力すべてで、知性の限り神を愛しなさい」ということになるでしょう。「尽くす」が定着している伝統的な訳語となっています。力を注ぎ尽くし、涙を流し尽くし、犠牲を払い尽くししと、愛する主体が生命力を消費し尽くしていくと、まるで涸れてしまうかのような恐れを感じる響きです。日本人はやはり「愛する」は「尽くす」ことという感覚が強いのでしょうか。けれども、イエス様が隣人愛を語るときは、自分自身を愛するようにと語られました。「あなたの隣人を自分自身のように愛しなさい」（同節）。

自分を愛することが苦手な人が多いのでしょう。それは、適切な自己尊重と、罪とされる利己愛との区別がつきにくいからで、クリスチャンがジレンマに陥る理由なのかもしれません。もし自分を大切にすることにジレンマを感じる方がいましたら、「愛すべき自分は一番身近な隣人」と位置づけて、セルフケアを心掛けてみてはいかがでしょうか。死を覚悟した獄中生活の中にあるパウロが外套で身を包んで、主に与えられる日々を大切に生きていこうとした姿から、私たちも心と体と霊の全人的セルフケアを行う道筋を学べるように感じています。どんなに高齢でも、重い病を抱えていても、精神的に生きづらさを抱えていても、自分自身の体と心と霊を主の恵みのうちに大切にする霊性を身につけていきましょう。

マルコを連れて来る

テモテに頼んだ大事なことは、マルコと会うために彼をローマに連れて来ることでした。「マルコを伴って、一緒に来てください。彼は私の務めのために役に立つからです。」マルコは以前、パウロとの関係でトラブルを起こしたことがあります。

第一回伝道旅行で、バルナバとパウロと一緒に旅に出て、キプロス島を越え、現在のトルコの南東部に入ろうとしたときに、マルコはひとりだけ宣教チームから離れて突如帰ってしまったのです。「ヨハネは一行から離れて、エルサレムに帰ってしまった」(使徒一三・一三)。その離脱の理由は明記されていませんが、キプロス島での魔術師との対決や、異邦人伝道など、過酷な旅についていけなかったとか、ホームシックにかかって母のもとへ逃げ帰ったなど、いくつかの説があります。バルナバとパウロは伝道旅行を終えてアンティオキアへ戻り、そしてエルサレムへ行って、異邦人が多く信仰に入った喜ばしい宣教報告を行います(同一四・二六以下)。エルサレム会議の後に、再び宣教旅行に出ようとしたときに、バルナバがパウロに相談します。「あの、マルコのことなんだけど。彼はとても未熟だけれども、もう一度伝道旅行に行きたいと言っているから、彼の再献身を認めて、育ててあげようと思うんだ」と。しかしパウロは、途中離脱で迷惑をかけるようなマルコを「連れて行かないほうがよい」（同一五・三八）と主張し、初代教会の二大レジェンド宣教師が、分裂してそれぞれ旅立つことになってしまいました。その原因を作ったのがマルコの未熟さでした。

バルナバは甥でもあるマルコを忍耐強く育てていき、そして、マルコは後に使徒ペテロの説教の通訳者として用いられることになります。マルコは時をかけて、主の福音のための奉仕者として成長していったのです。ついに、殉教を目前にしたパウロは、マルコに会いたいと語ります。「彼は私の務めのために役に立つからです。」

聖会でメッセージをした小平牧生牧師は、『有能であるよりも、有益であることを』（いのちのことば社）という本を執筆されました。主が用いてくださるのは、能力が優秀で、影響力があり、有能な存在ではありません。むしろ、弱さや欠けがあっても、主の深き恩寵を経験し、キリストの恵み深さを証しする存在です。「有能ではなく、有益な者として」主が用いてくださるのです。私はこのメッセージを深く心に刻み、主の恵み深さを味わい知る者になりたいと思わされています。

羊皮紙の書物

もう一つ、パウロがテモテに頼んだお届け物があります。それは羊皮紙の書物です。死を直前にして、なお書物を読もうとするパウロの姿がここにあります。

当時の書物は高価です。草を編んだパピルスの紙のものがありますが、動物の皮をなめした羊皮紙の書物もありました。羊皮紙は非常に貴重で、高価なものです。聖書の写本で羊皮紙のものが多くありますが、羊皮紙自体が貴重なため、前に書いてあった文字を削り取って、用いているものもあると聞きました。

この羊皮紙の書物とはいったい何か、様々な説があります。一つは、もう死が近いので、いわゆる終活として経済的に未処理の内容を確認して精算しようと、財務文書を持って来るように依頼したという説です。また、パウロが愛用していたギリシア語に訳された旧約聖書、七十人訳と呼ばれる聖書という説もあります。

ある新約聖書学者が、この理解は推測だが、と前置きして、ロマンのある理解を提示しています。牢獄で最後の手紙を書いているパウロのもとに、後に福音書を書き記すことになるルカがいる。そしてテモテがマルコを連れて来る。初代教会の大使徒パウロの生涯最後の場面に、二人の福音書記者が共にいることになる。羊皮紙の書物とは、パウロの説教のもととなった福音理解や、主イエス様の言葉集のようなものだったのではないか。実際、紀元六八年に皇帝ネロの死をもって迫害が終わり、十数年のうちにマルコとルカが主イエスの生涯を福音書として書き記す。使徒パウロが託した羊皮紙の書物が、マルコとルカが福音書を執筆する際に役立ったという可能性はないだろうかと仮説を語るのです（T・オーデン『現代聖書註解――テモテへの手紙1、2・テトスへの手紙』日本キリスト教団出版局、二九〇頁）。

未熟だったマルコは、伝承では再献身してペテロの説教通訳を担いました。繰り返される説教通訳の経験を通して、使徒ペテロの説教を口移しに受け取ったマルコは、パウロからも何かしらの資料を受け取って、福音書執筆という特別な役割を担うことになりました。歴史家エウセビオスは、後にマルコはアレクサンドリアの教会の礎を築くようになったと語っています。

28　しかし主は共にいる

〈Ⅱテモテ四・一六〜一八〉

「私の最初の弁明の際、だれも私を支持してくれず、みな私を見捨ててしまいました。どうか、その責任を彼らが負わせせられることがありませんように。しかし、主は私とともに立ち、私に力を与えてくださいました。それは、私を通してみことばが余すところなく宣べ伝えられ、すべての国の人々がみことばを聞くようになるためでした。こうして私は獅子の口から救い出されたのです。主は私を、どんな悪しきわざからも救い出し、無事、天にある御国に入れてくださいます。主に栄光が世々限りなくありますように。アーメン。」

恵みと平安がありますように。この書簡の締め括りに入っています。使徒パウロは、私が世を去る時は来たと語っています。大迫害が起きていますが、ローマの市民権をもっているパウロには裁判での弁明の機会があったようです。「私の最初の弁明の際、だれも私を支持してくれず、みな私を見捨ててしまいました。」　皇帝ネロによる大迫害の激しい状況にあって、自分のそばにいる者はいなかったというのです。炎のような迫害を受けながらも、弁明の機会がある。古代ローマにあったローマ法は、思想史の上でも現代の法律の土台となるようなもので、パウロの裁判はそれに沿うプロセスを通っていたようです。見捨てられた、それはすなわち、「孤独」な状況に置かれたということです。おそらくルカが駆けつけて来る前のことでしょう。人の歩みに悩みはつきものです。しかし危険なのは、孤独で悩むときです。生きられなくなるように感じさせる危うさが孤独にはあるのです。

そうした置き去りにされたなかで、離れた人々を気遣います。「どうか、その責任を彼らが負わせられることがありませんように。」この迫害下の中で、離れることは一つの選択肢でしょう。前の説教で紹介した同労者や、世を愛したデマスの姿に、言葉にできない寂しさを感じながらも、しかし「どうか」と祈りを込めて、「その責任を彼らが負わせられることがありませんように」と願うのです。

孤独の苦悩・主の臨在

パウロは獄中の孤独と苦悩を経験しました。このつらい状況で裁判と向き合っていく厳しさの中で、まさにそこでパウロの内側から信仰の言葉が湧き出てきます。「しかし、主は私とともに立ち、私に力を与えてくださいました。」

日本の教会の歴史でも、信仰者が捕らえられるという事件がたびたび起きました。この連続講解説教で何度か紹介していますが、戦時中に起きたホーリネス弾圧に触れたいと思います。蔦田二雄牧師は一九四二年六月二十六日の特別高等警察によるホーリネス系牧師一斉検挙で留置所に入れられ、その後、約二年の間、獄中生活を送りました。それは、孤立させられることで精神的に追いつめられる厳しい試練の時となりました。牢獄での苦難の中で、一つの確かな祈りの感覚が湧き上がったそうです。それは「インマヌエル・神我らと共に有るなり」という臨在です。預言者イザヤが語り（イザヤ七・一四）、主イエスの誕生で成就したとされる（マタイ一・二三）、神臨在の真髄とも言えるような霊的な感覚が与えられたというのです。蔦田二雄先生は私の育った教団の創設者で、私に洗礼を授けてくださった蔦田真実先生の父にあたり、私は自分の信仰的ルーツの一部のように感じます。説教音声や著作、日記などにも触れ続けてきましたが、いま一つはっきりしないことがありました。それは、あの「獄中のインマヌエル経験」が、何月何日の出来事というように日記で確認できるようなことであったのかということです。そのことを、蔦田二雄先生のお孫さんで牧師をしている方に聞いてみたところ、ある日の特別な経験というよりも、厳しい二年間を支え続けた主の恵みの経験を表す感覚だろうと教えてくださいました。

パウロ先生は孤独の苦難を深く経験して、まさにそこで語ったのです。「しかし、主は私とともに」と。その臨在が、迫害を受けていたパウロを支えました。別の翻訳では「しかし、主はそばにいて」となっています。そば近くにいてくださるという響きに慰めを感じます。

この臨在によって強められ、生かされていくのです。「しかし、主は私とともに立ち、私に力を与えてくださいました。」

教会の女性Mさんは、十数年前に血液の病にかかりました。ケガをすると、止血しようとしてもなかなか止まらず、入院が必要になる病です。とても悩まれました。自分がなぜこのような病にかかってしまったのだろうか。人生が閉ざされた思いがして、真っ暗に感じました。その時期、娘さんの高校の交換留学生の一時滞在のホストを引き受けました。その留学生がお土産にクリスチャングッズとして、「Footprints（あしあと）」という詩の書いてある壁掛けを持って来てくれました。英語なので、訳しながら、それを読んでいきました。

「Footprints」マーガレット・F・パワーズ（抜粋・私訳）

One night I dreamed a dream（ある夜、わたしは夢を見た……）。

主と共に、波打ち際を歩いていた。……砂の上に二人のあしあとがあった。

一つは私のあしあと、もう一つは主のあしあとだった。

人生でいちばんつらく、悲しい時に、砂の上を振り返ると……一つのあしあとしかなかった。

「主よ。すべての道で、私とともに歩んでくださると約束されましたのに、一人のあしあとしかなかったのです。あなたはなぜ私を捨てられたのですか」

主はささやかれた。
「わたしの大切な子よ。わたしはあなたを愛している。あなたを決して捨てたりはしない。
あしあとが一つだったとき、わたしはあなたを背負って歩いていたのだ」。

Mさんは、この詩を理解して味わうほどに、自分の内側の重荷が少しずつほどけていくように感じました。固く感じた心が解けて、イエス様が共にいてくださるのなら、生きていけると、難病と向き合いながら歩めるようになったのです。「しかし、主は私とともに立ち、私に力を与えてくださいました。」この御言葉が語る主イエスの臨在には、私たちを強めて歩ませる力があるのです。

福音を証しする存在

主の臨在に生かされるとき、苦難に耐えるだけでなく、福音を表す歩みになります。「それは、私を通してみことばが余すところなく宣べ伝えられ、すべての国の人々がみことばを聞くようになるためでした。」福音に生かされている自分を通して、御言葉が伝わるのです。土の器である弱さと欠けのあるこの身であるのに、主が共にいて、導いてくださった。このことを、パウロは獄中書簡のピリピ人への手紙でも語っています。

「私の願いは、どんな場合にも恥じることなく、今もいつものように大胆に語り、生きるにしても死ぬにしても、私の身によってキリストがあがめられることです」（一・二〇）。

この身によって、キリストがあがめられることが願いである、と。生きるにも死ぬにもと、パウロは証ししています。この苦難の中でも、それは世界の人々が福音を知るためである、と言います。そして、事実、ローマの牢獄で書かれたこの書簡を通して、聖書として時代を超え、地域を越えて、今もなお使徒パウロの言葉がいのちの響きをもって福音を証しし続けています。

「私を通してみことばが余すところなく宣べ伝えられ、すべての国の人々がみことばを聞くようになるため」。迫害の中でなお福音が証しされていくことをパウロは見ました。確かに困難があり、闇があります。しかし聖書が語る福音は、闇の中でも輝き、困難の極みの中でさらに世界に広がっていくのです。パウロは自分が迫害者であったときのことを思い返したかもしれません（使徒九章）。自分がどんなに迫害しても、イエス・キリストの福音が広がり続けた。そして、自分が迫害を受けるときにも、福音が広がり続けることを実感したのです。主から与えられていたヴィジョンが約束となって支え続け、事実、生ける神の福音が、福音の逆転の御業として現されていったのです。「ピンチがチャンスに」とよく言われます。

困難が新しい扉を開きます。

「夜がふけ、朝が近づいた」という表現があります。これは夜の時間が過ぎて、五時を回るので、もうすぐ朝の時間だという意味ではないそうです。夜の見張りをする者の感覚で、「夜がふけ」とは、真夜中の深々と濃くなる暗さと寒さで、その闇が深まれば深まっていくほどに「朝が近い」と実感するということのようです。日の出の少し前に最も暗さが増すような感覚をもつということです。パウロの時代の皇帝ネロの大迫害はそのような闇の深まりでした。「獅子の口」とパウロは表現します。しかし、夜がふけ、朝が近づいた。パウロは、復活の主を信頼して宣言します。「こうして私は獅子の口から救い出されたのです。主は私を、どんな悪しきわざからも救い出し、無事、天にある御国に入れてくださいます。」闇の中で朝が近いと信じる。そして、主の復活を信じる。すなわち、よみの闇すらも覆して復活された主イエス・キリストを信じるのです。

これは天の御国への救いにつながります。「主は私を……無事、天にある御国に入れてくださいます。」この「無事」という日本語は、安堵をもたらす言葉に感じます。「無事か」、「事件が無かったか」と問われると、私たちの人生には、大事件ばかりなのではないかという思いもありますが、それでも、主にあってすべてが恵みに変えられ、「よく無事に、ここまで来られた!」と、天にある主の王国へと入る希望に満たされているということなのでしょう。

頌栄による完成

そして最後は、主に栄光を帰す頌栄が語られます。「主に栄光が世々限りなくありますように。アーメン。」　主に栄光あれ、と。そして、祝福が神の民とともにあるように、と。すぐ先の箇所でも、「主イエスの恵みが、すべての者とともにありますように」（二二節）と宣言されます。頌栄と祝禱でこの書簡は締め括られます。礼拝式の最後に頌栄と祝福がある教会が多いと思いますが、単なる儀礼としてではなくて、人生のリアリティとして私の信仰生涯は頌栄と祝福で完成すると告白できる人は幸いです。

ゴードン・フィーという聖書学の巨匠が神学講演をしたときに、「本物の神学はドクソオロジー（頌栄・主に栄光を帰す）である」と語られました。大きな講堂に響き渡る声で、自分の聖書探究と神学作業は、すべて神様に栄光を帰す（ドクソオロジー）となって完成すると語られる姿に、私は信仰者としての道を指示していただいた思いがしました。信仰者が主にあって生かされるときに、人生の目的が「神様の栄光を現すこと」になる者は幸いです。頌栄と祝福で私たちの生涯は完成していくのです。頌栄の直後に「アーメン」と語られたパウロのように、主の栄光に「真実なり」と思いを込めて「アーメン」と言える人は幸いです。

29　冬の前に会おう

〈Ⅱテモテ四・一九～二二〉

「プリスカとアキラによろしく。また、オネシポロの家族によろしく。エラストはコリントにとどまり、病気のトロフィモはミレトスに残して来ました。何とかして冬になる前に来てください。ユブロ、プデス、リノス、クラウディア、そしてすべての兄弟たちが、あなたによろしくと言っています。

主があなたの霊とともにいてくださいますように。恵みがあなたがたとともにありますように。」

恵みと平安がありますように。今回の聖書箇所がテモテへの手紙第二の最後の締め括りとなります。すでに三つ前の章で取り上げた四章六～八節で本論は終わっているのですが、その後、挨拶、近況、依頼が長引いてきました。しかし、その終わりそうで終わらない、長引き続ける言葉の中に福音の輝きが散りばめられていることを味わってきました。そして、今回が本当に最後になり、「恵みがあなたとともにありますように」と祝福で包まれます。単に一つの手紙の最後としてだけでなく、パウロの生涯最後の手紙として読むときに、感慨無量の思いがします。

挨拶を送る

書簡の習慣として、挨拶を書き添えることが多くありました。「プリスカとアキラによろしく。また、オネシポロの家族によろしく。……そしてすべての兄弟たちが、あなたによろしくと言っています。」ここで繰り返される「よろしく」は、「アスパゾマイ」という言葉で、頻繁に用いられます。「挨拶」と翻訳します。そのグリーティングの意味を、日本語では「挨拶を送る」と訳していたこともありますが、「よろしく」と日常語で翻訳する慣習になっています。

そもそも、日本語でよく使う「よろしく」も、意味がぼんやりして分かりやすくはありませんね。「よろし」を語源として、つまり受け取り手が良いと思うように、適当に対応してほしいという、とても曖昧に相手に甘えつつお世話を委託しているようなぼんやりした響きです。しかし、この「アスパゾマイ」も意味がぼんやりしているように感じます。けれども、一つはっきりしていることは、人間関係としてコミュニティをつなげて、もし訪問するときには歓迎してほしいという意図が手紙の役割としてあったということです。商人たちがこの言葉を用いて、自分の信頼できる仲間を紹介していくことが非常に多かったそうで、あの人から

「よろしく」と言われているから、こちらに来たら、ゲストとして迎えようとなるのです。ですから、推薦の意味合いが強かったのでしょう。各地に点在していたキリスト教会も、当時は大きな会堂はなく、それぞれ家の教会ですが、指導者たちがつなげる横の関係でネットワークができて交流していたのです。

生涯の友・同労者

パウロは、古くからよく知っている夫婦の名前をあげます。「プリスカとアキラによろしく。」この二人は、パウロがコリントの街に到着したときに出会い、意気消沈していたパウロを支えた信仰者の夫婦でした。

第二回伝道旅行のときにマケドニアで迫害が起きたので、パウロだけが先に進み、テモテはその町に残りました（使徒一七・一三〜一四）。ひとりでありながらも、アテネで伝道するパウロですが、復活の福音を語ったときに笑われてしまい、失意のうちにトボトボとコリントの街にたどり着き、そこでアキラとプリスキラと出会います（同一七・三二〜一八・二、Iコリント二・一〜四）。プリスカと呼ばれているのは、プリスキラのニックネームと思われます。この二人は、テント作りの皮加工の職人で、パウロもその技術があったので、共に働きながら伝道に従事しました。

私の友人の父は関西の地方で瓦職人をしながら、牧師をしています。誇りをもって自分は使徒パウロと同じテントメーカーだと語ります。伝道の困難な過疎地で福音宣教を続けるために、手に職をもって自活しながら、この地にとどまって伝道すると、誇りをもって主に仕えています。落ち込んで立ち上がるために時が必要だったパウロのために、プリスキラとアキラの夫婦は、テモテとシラスが合流するまでの充電期間を彼とともに過ごしたのです。この古き友人が紀元六〇年代後半に、テモテがいるエペソの街にいたようです。パウロはテモテに夫妻への挨拶を託しました。生涯の友であり、同労者に、最後の挨拶と感謝を伝えたのです。

仲間の近況

続いてパウロはこう語ります。「また、オネシポロの家族によろしく。エラストはコリントにとどまり、病気のトロフィモはミレトスに残して来ました。」オネシポロについては、一章で一度語られています。彼は真実に、投獄されているパウロを支えてくれました。そしてどのように亡くなったかは定かではありませんが、おそらくパウロの訪問の後に命を落としてしまったのでしょう、パウロはオネシポロの家族に気遣いと配慮を示して、このように語ります。

「オネシポロの家族を主があわれんでくださるように。彼はたびたび私を元気づけ、私が鎖につながれていることを恥と思わず、ローマに着いたとき、熱心に私を捜して見つけ出してくれました。かの日には主が、ご自分のあわれみをオネシポロに示してくださいますように。エペソで彼がどれほど多くの奉仕をしてくれたかは、あなた自身が一番よく知っています」(二・一六〜一八)。

深い感謝をにじませながら、オネシポロの誠実さと勇敢さを語り、家族へ配慮しています。手紙の最後にも再び彼の家族に挨拶を送っているのです。

エラストは貴重な人物で、聖書以外の記録で確認できる数少ない人物の一人です。コリント遺跡の市場と劇場の間に位置する場所にエラストの名前が刻まれた碑文があり、その碑文には「コリントの財政官エラストトス」と刻まれています(Furnish, Corinth in Paul, p. 20)。ローマ人への手紙一六章二三節にも「市の会計係エラスト」と記されています。

トロフィモは、パウロと旅を続けた同労者で、第三回伝道旅行のエルサレムへの帰り道でも同伴していました(使徒二〇・四)。そして、エルサレムで神殿を冒瀆したと嫌疑をかけられる言いがかりのきっかけを生んでしまいました。

「こう叫んだ。『イスラエルの皆さん、手を貸してください。この男は、民と律法とこの場所に逆らうことを、いたるところで皆に教えている者です。そのうえ、ギリシア人を宮の中に連れ込んで、この神聖な場所を汚しています。』彼らは、エペソ人のトロフィモが町でパウロと一緒にいるのを以前に見かけていて、パウロが彼を宮に連れ込んだと思ったのである。そこで町中が大騒ぎになり、人々は殺到してパウロを捕らえ、宮の外へ引きずり出した」（同二一・二八～三〇）。

彼は最後までパウロの伝道を支え続けましたが、体調を崩したのでミレトスで療養していると、パウロはテモテに伝えます。テモテのいるエペソの隣町がミレトスですから、テモテが病気のトロフィモを必要に応じてケアできる距離であるということを知らせています。

ローマのキリスト者

さらに、パウロはローマ教会の者たちの名をあげます。「ユブロ、プデス、リノス、クラウディア」。リノスは初代のローマの教会の監督の役割を担った人物と言われます。

ここに名のあげられた四人のうち、最後の一人クラウディアは女性の名です。ウィリアム・バークレー自身、この理解は「適切でなく、ム・バークレーは珍しい説を紹介しています。バークレー自身、この理解は「適切でなく、あり得ないが……」としながらも、ロマンスを感じると引用しています。紀元六六年から一〇〇年ごろに活動した風刺詩人のマルティアリスが結婚にまつわる詩を書いています。その結婚をした女性の名がクラウディアなのです。紀元五二年に皇帝クラウディウスは、ローマに忠実なコギドブヌスに東南ブリテン(現在の英国)の王の役割に任職しています。その子(おそらく養子)の名を改名して、ローマへの忠誠のあらわれとして皇帝にちなんだ名をつけ、ティベリウス・クラウディウス・キギドブヌスとします。この名を、発掘された大理石に碑文に見ることができます。推測として、この王に娘がいる場合は、息子にクラウディウスと名づけたように、娘にはクラウディアとつけただろう。そして、多くの領地を受けた領主が行ったように、娘たちを人質としてローマに滞在させるという習わしに従っただろう。この推論と、マルティアリスの結婚の詩とを重ねて、キリスト者として名が記されている女性クラウディアは英国の王女で、ローマでキリストの福音を知り、キリスト者になった人物ではないか。そういったロマンスを含めた理解があるようです。この名前からの推論が事実かは分からず、紹介しているバークレーも確証に至っていないということです(W・バークレー『テモテ・テトス・ピレモン――聖書注解シリーズ12』ヨルダン社、二七〇頁)。

有名な人物だけでなく、「すべての兄弟たちが、あなたによろしくと言っています」。名もなきローマのキリスト者たちが、テモテへ、そしてテモテを通して世界のキリスト者たちへ、主の恵みのうちに挨拶を送っています。この「よろしく」も「アスパゾマイ」で、先に述べたように書簡での「挨拶」を意味しますが、別の一般的な挨拶の言葉としてはギリシア語で「カイレテ」があります。喜びや恵みを表す言葉で、復活の主がこの言葉で弟子たちに「おはよう」と挨拶しておられます(マタイ二八・九)。「カイレテ」は喜びや恵みを意味し、二人称の命令形なので、「喜べ」とか「恵まれよ」というのが直訳です。語源は「カリス」（恵み）ですが、この書簡の最後の祝福は、「ヘー・カリス・メス・ヒュモーン」すなわち、「恵みがあなたがたとともにありますように」と閉じられます。

冬になる前に

「何とかして冬になる前に来てください。」挨拶の合間に割り込むように、パウロがテモテの早い訪問を願う言葉が唐突に挿入されます。季節としての「冬」ですが、文学的な「冬」としても味わい深く感じます。「冬が来る前に」と、寒く凍える冬、つらい冬の嵐、閉ざされる冬、すべてが枯れ果てる冬、その冬が来る前にもう一度会いたい。「冬が来る前に」とは切なさの詰まった響きで、歌のタイトルにもなりそうに感じます。

シンボルの意味と季節的な意味とがあるでしょう。エペソからイタリアへ海路で渡るにはエーゲ海を通りますが、秋以降は暴風雨のユーラクロンの季節になります。そうすると陸路しかなくなり、時間がかかります。エペソの北にあるトロアスで荷物を受け取る指示をしているので、陸路をメインとする前提だったのでしょうか。それとも船旅を意図していたのでしょうか。やはり、冬に近づかないほうが確実に早くローマに来られるのです。このような状況から、この手紙が春か初夏に記されているのではないかという推測が受け入れられます。皇帝ネロの迫害の最中とすると、迫害開始の紀元六五年からネロが自死した六八年の間というのは確かですが、「冬が来る前に」という言葉からすれば、六六～六七年の三～六月ごろの執筆というのが一番可能性としてあるだろうと私は推測します。

新改訳２０１７では「何とかして」と訳されている語は、「スペウドー」という言葉が用いられています。このギリシア語の響きから想像しやすいと思いますが、英語の「スピード」の語源となった言葉です。「早く」という意味と「できるだけ（to do one's best）」の意味があるので、緊急性の訴えとして「何とかして」と訳されています。

死ぬ前に会いたい

パウロは迫害下にあって、殉教が近いことを感じていますから、自分が死ぬ前に、生きているうちに会いに来てほしいという意味もあるのでしょう。最後にもう一度と再会を願う言葉、それが「冬が来る前に」という響きに読み取れます。敬愛する皆さん、会いたいと思う方に、ぜひ会いに行ってください。あるいは、手紙を書く、電話をする。会える時に会い、声をかけ、感謝を伝え、主がこの人生で与えてくださった出会いを深く受けとめ直す時をもつことです。先延ばしにしすぎないことです。「急いで何とか（スピード）冬の前に会いたい」。

教会の皆さんの祈りのうちに送り出していただき、先日、母を故郷の沖縄に連れて行くことができました。心臓のケアの必要な父を置いていくことが、母にとっての心配の種でしたから、なかなかかなわなかったのですが、母の兄と姉がもう九十歳代なので、なんとかして会っておきたいという思いがつのって、母と一緒に沖縄へ行くことができました。父のほうは家族が見守るかたちでサポートがありました。祖母の葬儀以来の帰郷でしたから、母にとって十五年以上ぶりだったと思います。

母が伯母に会ったとき、伯母は久しぶりの自分の妹が分からず、「この若い人はだれだろう」と、認知するのに数分かかったようですが、分かったら大喜び。ハグして、よく来てくれたと歓迎してくれました。

思い出話に花が咲き、止まることがありません。戦前の両親の祈りの姿、戦後の物に乏しい時期に祖母が小さなお店で薬屋をして、子どもたちを養ってくれたこと。親戚に医者がいたので、安全で何にでもよく効く薬を何種類か安く卸してくれていたようです。祖母が忙しかったので、伯母が赤ちゃんの私の母をおんぶしてお世話をしてくれたということです。私の母は七十代、伯母は九十代ですが、懐かしい思い出を振り返りながら、「ほんとさあ、よく帰って来てくれたよ」と言っていました。祖母の信仰を受け継ぐように、信仰に生かされた姉妹たち。伯母が、「私はイエス様の約束もらって、天国に行ける。愛子お母さんも、ほかにもみんな、イエス様に救ってもらってるから、私が死ぬときにはさ、泣かんでもいいよ」と何度も何度も笑顔で言うのです。次にいつ沖縄に戻れるか分からない私の母は、その言葉を受けとめて、伯母の笑顔を反射するように満面の笑顔で、「分かった、お姉さん。じゃあ、お姉さんが召されるときには、もう泣かないかな。今、その分泣いているんだけど」と、涙を溢れさせながらも、笑顔で語り合っていました。

主イエスの希望のうちにある一期一会の尊い再会でした。今、この聖書箇所を読み直しつつ振り返ると、パウロの「冬になる前に会いに来て」という言葉が身に染みてきます。

一緒に賛美を歌いました。「救い主イエスと」(『新聖歌』三四〇番)。

救い主イエスと　共に行く身は
乏しきことなく　恐れもあらじ
イエスは安きもて　心足らわせ
物事　すべてを　良きになし給う
物事　すべてを　良きになし給う

この賛美を歌いながら、母の姉は、「そうよ、そうよ、この歌詞さ」と言って、歌うのをやめて折り返しの部分を読み直します。「物事 すべてを 良きになし給う」という歌詞に、伯母は「これホントだよ。これはホント！　おばあちゃんの人生も、私たちの人生でも、神様が物事のすべてを良きに変えてくださるって、ホントよ」と熱く語りだしたのです。これまでの思い出で、鉄の雨が降ったといわれる沖縄戦の時の話、厳しい栄養失調で命の危機を通った疎開経験、壁に戦争の銃痕が残る首里教会に通った戦後の生活、どれもまことに重い試練の連続ですが、心から賛美しつつ、「物事　すべてを　良きになし給う！」これは主にあって本当のことだと語る、信頼の賛美に乗せて心からの「アーメン」を響かせる姿に、私はこのような信仰の遺産に触れることができ、なんと幸いな帰郷経験だろうと感謝に思ったことです。

「冬が来る前に会いたい」。このパウロの呼びかけは、多くの人の内なる祈りかもしれません。もう会えなくなる「冬」は近づいています。確かに信仰者には永遠の春、とこしえの朝日が、復活の主によって注がれています。しかし、天での共なる賛美の前に、地上での共なる感謝の祈りをささげられる人は幸いです。そして、復活の主を仰ぎつつ、贖われた私たちに栄光の希望もまた確かにあるのです。

祝福

この手紙の最後は祈りで閉じられますが、これは祝福の祈りでした。「主があなたの霊とともにいてくださいますように。恵みがあなたがたとともにありますように。」「あなた」と二人称単数で呼びかけられることに重ねて、「あなたがたに」と複数でも語られます。個人としての信仰者と、信仰に生きる共同体・教会として、あなたとあなたがたへの祝福があださるのです。キリストの恵みがあなたがたへ。主ご自身があなたの霊とともに、深き臨在を与えてくださるのです。

牧会書簡から聴き続ける歩みを礼拝説教として重ねてきました。そして、この旅が祝福で全うされます。あなたの内側深き霊とともに主がいてくださり、主イエスの恵みがあなたがたとともにありますように。アーメン。

おわりに

新しい聖書翻訳を用いての説教集「シリーズ・新約聖書に聴く」のプロジェクトに参加させていただき、幸いに感じています。すでに刊行されているものは、それぞれ尊敬する先輩の先生がたの力作ぞろいで、いのちのことば社の編集者の長沢俊夫氏より依頼を受けたときには、光栄に感じました。お話をいただいたときには、いくつもの役割やプロジェクトを抱えていて、時間的な面ではたして役割を全うできるのだろうかと自問したのですが、一年以上も期限をいただき、それではと引き受け、鳩山のぞみ教会の礼拝で第二テモテ書簡の連続講解説教に取り組み始めました。

実は、この書簡での依頼だったことに不思議な導きを感じています。ちょうど東京聖書学院の信徒コースでテモテへの手紙第二の講座を担当したばかりで釈義的な学びを終えていたこと、それに加えて、説教塾という牧師の共同研鑽の場で、ハイデルベルク大学の実践神学教授だったルドルフ・ボーレン先生が書かれた『祈る――パウロとカルヴァンとともに』(川中子義勝訳、教文館)という黙想集を用いての共同研究がなされていたときでした。その学びのために、その書籍のテキストになるテモテへの手紙第二の聖書学的な緒論を書くようと依頼されて、説教塾『紀要』に掲載し、その直後に、同じテキストからの説教集の依頼をいのちのことば社よりいただいたのです。「なんと、また第二テモテですか?」と、このような不思議な導きに、神様の不思議なお取り計らいがあることを感じました。

本書の序文は、説教塾『紀要』で寄稿した文章を改訂版したものですが、説教塾に関わる読者の中には歴史批評の視点をもつ方々もおられるので、福音派外の方々との対話も含めて、急所になる部分に触れさせていただいています。

テモテへの手紙第二という、使徒パウロの遺言になった書簡からのメッセージに取り組んで感じたことは、殉教前の闇に包まれた苦悩の言葉としてではなく、むしろ束縛から解き放つ希望の福音として語られていることです。

そして、私が取り組ませていただいた説教の背景として、二つの要素があることに触れておきます。一つは新約聖書学を意識した取り組み、二つ目は説教学としての取り組みです。『新改訳2017』という水準の高い聖書翻訳を用いての説教シリーズという企画で、新しい翻訳の味わいを伝えることを一つの目的になっていると理解しています。依頼を受けたころは、新日本聖書刊行会による次の翻訳に向けてのトレーニング会に参加していました。残念なことに、義母の看取りなど家庭的な理由でその研究会出席を継続できませんでした。『新改訳2017』のために責任を負われた先生方と、若手の聖書研究者たちが語り合う良き場でした。聖書テキストに対して誠実に取り組む同労者の姿に感銘を受けつつ、私自身も襟を正して、テモテへの手紙第二のテキストと向き合いました。

今回の連続講解説教をするにあたって、この書簡全体のギリシア語を文法的に図示するライン分析をしてから取り組むことができ、テキストを深く理解できたことに合わせて、『新改訳２０１７』の翻訳の素晴らしを再確認できました。立教大学の聖書学ゼミで、遠藤勝信先生よりライン分析の手ほどきを受けたことも幸いに思います。各説教の中に、原語の味わいの要素が見え隠れしていることを読み取っていただければと願っています。

二つ目の説教学の取り組みについてです。このシリーズでは、おそらく、よりテキストの釈義解釈に重心を置いた釈義的説教が多いのではないかと思われます。私も聖書テキストの釈義に取り組むステップは踏んだうえで、説教集ということから、実際に教会の礼拝で語られる説教として文章化しました。それゆえに説教の語りが、比較的イメージ言語が多く、黙想、例話、証し等の分量が、他の説教者と比べて多めであると自覚しています。

聖書の言葉が説教者と会衆との間でこだまするように紡ぎ出されるのが説教という理解があります。そのような面から自身の文脈となる埼玉県の奥地・鳩山町という地域的要素や、ジョン・ウェスレーの神学とホーリネス運動という流れという教派的特色が説教に色濃くあらわれています。いのちのことば社の読者層は、とても広い教派の背景をもつ方、あるいはそのような信仰的バックグラウンドをもたない方もいらっしゃることでしょう。その方々が純粋に聖書のメッセージに触れたいと思われる場合には、文脈を含む描写が、もし理解の妨げになってしまう場合は、どうぞご容赦いただけますようにお願いいたします。

説教理解について、私には三人の恩師がいます。ホーリネス信仰に生きた小林和夫先生と松木祐三先生は、神学校時代に聖書的説教について堅実な土台を形作ってくださいました。その後、前述した説教塾に身を置いて、加藤常昭先生のご指導を受けました。先生方より受けた説教理解を、福音主義の教会学校教師の手引きとして、『心に届けよう！　バイブルメッセージ――子ども説教のための七つのstep』（宮﨑誉・錦織寛共著、日本ホーリネス教団出版局）という書籍にまとめています。

その後、東京聖書学院では説教学を担当しています。説教作成の枠組みは、ハイデルベルク大学の実践神学の説教作成・説教批評モデルを参考にしつつ、以下のようなステップを通り、説教の言葉を紡ぎ出していきます。

1　御言葉の第一の黙想
2　テキスト研究・釈義
3　教理的黙想
4　聴き手の黙想
5　霊性の黙想

6　説教作成
7　聴き手に届ける声

このようなプロセスを通り、説教を語り、教会を建て上げていきます。より釈義的黙想にとどめて、聖書翻訳の味わいを中心に紹介するテキスト講解と適用として書く方法も検討はしたのですが、やはりライフワークとして取り組む説教論のスタイルで説教集を寄稿しました。

この春（二〇二四年四月二十六日）、恩師・加藤常昭先生がご召天されました。生涯の最晩年、目が見えなくなっても、口述筆記で説教原稿を用意し、日本基督教団代田教会で二〇二三年十月八日に最後の礼拝説教をされました。神様が与えてくださった恩師によって培われた説教者としての感謝の果実として、説教集を出させていただけることに感謝しています。

いつも私のために祈り続け支えてくださる鳩山のぞみ教会の敬愛する教会員の皆さまに感謝いたします。この教会で語られた礼拝説教が、書籍として人々の手もとに届き、福音に触れる方々に希望が伝わるようにと心より祈ります。また、説教集の中で例話引用を快く許可してくださった同労者、友人に御礼申し上げます。

なかなか筆が進まなかった時期に、ヘブル人への手紙の説教集を持参して、励ましてくださった岩崎謙先生に感謝いたします。

おわりに

鳩山のぞみ教会を千代崎秀雄先生とともに建て上げた千代崎聖子先生が、高齢者施設より送迎を通して礼拝に出席してくださいます。いつも祈りのこもった励ましの言葉をかけてくださり、私は力強められて、この説教集の働きを全うできました。

子ども時代のエピソードとして、出身教会のインマヌエル横浜キリスト教会のことが繰り返し登場します。母教会に育くまれたことを感謝いたします。

いつも支えてくれる妻・とわ子と、四人の子どもたち（待基、湧、かりす、ほとり）に感謝します。

書籍を生み出すために多くのご労をとってくださった、いのちのことば社のスタッフの方々、特に長沢俊夫氏と佐藤祐子氏に深く感謝いたします。

宮﨑　誉

二〇二四年七月

＊聖書 新改訳 2017© 2017 新日本聖書刊行会
＊新聖歌 340 番 © 中田羽後（教文館） 許諾番号 2407217

次世代につなぐ希望の福音

2024年10月31日 発行

著 者 宮﨑 誉
印刷製本 日本ハイコム株式会社
発 行 いのちのことば社
〒164-0001 東京都中野区中野2-1-5
電話 03-5341-6922（編集）
03-5341-6920（営業）
FAX03-5341-6921
e-mail:support@wlpm.or.jp
http://www.wlpm.or.jp/

ISBN 978-4-264-04516-8

◆シリーズ　新約聖書に聴く◆

赤坂　泉著
〈テモテへの手紙第一に聴く〉健全な教会の形成を求めて
定価一、四〇〇円＋税

船橋　誠著
〈テトスへの手紙・ピレモンへの手紙に聴く〉健全な教えとキリストの心
定価一、五〇〇円＋税

岩崎　謙著
〈ヘブル人への手紙に聴く〉大祭司イエス・キリストを告げる説教
定価二、二〇〇円＋税

中台孝雄著
〈ヤコブの手紙に聴く〉見えない信仰を見える行いに
定価一、七〇〇円＋税

重刷の際、価格を改めることがあります。